문제는 당신이 아닙니다

문제는
당신이
아닙니다

**나르시시스트에게서
나를 지키는 심리 수업**

백선영 지음

문예춘추사

일러두기

1. 단행본은 『 』, 논문·문학 작품은 「 」로 표기했습니다.
2. 영화·방송·곡명·미술 작품은 〈 〉로 표기했습니다.

프롤로그

관계의 상처를 지나, 회복의 시작

참고 견뎌야 하는 인간관계는 괴로움의 연속입니다. '저 사람은 왜 저럴까?' 하는 의문이 들다가도 '내가 양보하면 언젠가는 좋아지겠지.'라는 헛된 희망을 품곤 합니다. 그러다 결국 더는 참을 수 없다는 판단에 힘들게 그 사람을 떠나지만, 남은 건 깊은 상처뿐입니다. 관계가 끝난 뒤에도 마음속 상처는 나를 붙잡습니다. '내가 좀 더 현명하게 대처했더라면', '내가 예민하지 않았더라면' 하고 스스로를 탓하며 그때의 상황을 끊임없이 되새깁니다.

이유를 찾고자 책을 읽고, 관련 자료를 살펴보면서 알게 됩니다. '그 사람은 나르시시스트였고, 나는 피해자였구나!' 마치 뒤통수를 한 대 얻어맞은 듯 지난날의 기억이 파노라마처럼 펼쳐지고, 흩어져 있던 퍼즐 조각들이 하나둘 맞춰지기 시작합니다. 그제야 그 사람과 그 상황이 이해되지만, 동시에 그때의 자신이 한심하게 느껴집니다. '왜 미처 알아차리지 못했을까?' 하는 자책이 밀려옵니다.

나르시시스트에 관한 책 출간을 제안받았을 때, 이 이야기를 잘 풀어낼 수 있을지 고민이 많았습니다. 그럼에도 불구하고 이 책을 쓰기로 결심한 이유는 세 가지입니다.

첫째, 저는 관계 심리 코치이자 기업 교육 강사로 활동하며 대중에게 관계의 본질에 대해 전하고 있습니다. 이 책을 통해 더 많은 사람들에게 나르시시스트를 알릴 수 있겠다는 사명감으로 글을 쓰게 되었습니다. 둘째, 나르시시스트를 이해하면 관계 속에서 현명하고 지혜롭게 대처할 수 있다는 것을 전하고 싶었습니다. 셋째, 힘든 상황에서도 자신을 지켜 낸 여러분이 결코 부족한 사람이 아니라는 사실을 전하고 싶었습니다.

나르시시스트와의 관계에서 상처를 입힌 사람은 대부분 자책 없이 살아가지만, 상처를 입은 사람은 자신을 탓하며 더 괴로워하는 현실에 '그러지 않아도 된다.'라고 말하고 싶었습니다.

이 책에서는 '피해자'라는 단어를 최소화하고, 대신 '유경험자'라는 표현을 사용했습니다. '피해자'라는 용어는 주로 법적, 사회적,

재난 상황 등에서 사용되는 용어입니다. 물론, 악성 나르시시스트로부터 심각한 육체적·정신적·정서적 폭력을 겪은 경우라면 '피해자'라는 용어가 더 적합할 수 있습니다. 그러나 이 책에서 다루고자 하는 대상은 일상 속에 자연스럽게 스며들어 있는 나르시시스트와의 관계입니다. 조직과 공동체, 친구, 연인 때로는 가족 안에서도 누구나 겪을 수 있는 사례를 담았습니다.

우리는 나르시시스트와의 관계 안에서 모호한 불편함과 불쾌함, 이유를 알 수 없는 죄책감, 자기 자신에 대한 의심을 품고 혼란에 빠지기도 합니다. 때로는 그 고통이 명확하게 드러나지 않기 때문에 더 깊은 혼란을 겪고, 이는 자기 비난으로 이어지곤 합니다.

이 책을 통해 나르시시스트를 정확하게 이해하고, 자신과의 관계 패턴을 돌아보며, 스스로를 더 잘 돌보게 되길 바랍니다. 이 책이 여러분의 '마음 근육'을 키우는 데 작은 도움이 되었으면 합니다. 인생은 무한하지 않습니다. 유한한 인생에 그 사람의 인성을 내 안에 가지고 와서 나를 괴롭히지 않길 바랍니다. 그 사람의 인성은 그 사람의 것이지 내 것이 아닙니다.

이 책은 총 다섯 개의 장으로 구성되어 있습니다. 각 장에서는 나르시시스트와의 관계 속에서 겪는 다양한 상황과 이에 대처하는 방법을 다룹니다. 또한, 모든 글에는 '관계 회복 노트'가 수록되어 있습니다. 이 노트는 나르시시스트와의 관계 회복이 아닌, 그 관계에서 상처 입은 나 자신과의 관계 회복을 의미합니다.

1장은 '일상에 숨어든 나르시시스트'로 나르시시스트에 대한 기본적인 이해와 그들이 흔히 사용하는 심리적 조작 방식이 우리의 일상에 어떻게 스며드는지를 담고 있습니다.

2장은 '인간관계 속 나르시시스트'로 일상에서 마주할 수 있는 관계 속 나르시시스트를 살펴보고 그들이 미치는 영향을 알아봅니다.

3장은 '나르시시스트와의 이별'로 그들과의 관계에서 벗어나는 실질적인 방법을 제시합니다. 심리적 거리 두기와 관계 단절의 과정에서 겪을 수 있는 어려움과 그에 대처하는 방법을 다뤘습니다.

4장은 '상처 입은 나 돌보기'로 나르시시스트와의 관계로 인해 상처받은 자신의 마음을 이해하고 회복하는 방법을 다루고 있습니다. 자신의 감정과 욕구를 되돌아보며 자존감을 회복하고, 스스로를 존중하며 살아가는 구체적인 실천 방법을 제시합니다.

5장은 '있는 그대로의 나로 만나는 관계'로 앞으로의 인간관계에서 자신을 지키고 건강한 관계를 형성해 나가기 위한 태도와 실천 방법을 담고 있습니다.

지금 이 순간에도 누군가와의 관계 속에서 끊임없이 상처받고 고민하며, 그 고통이 '어쩌면 내 탓일지도 모른다'고 생각하고 있다면, 부디 그런 생각에서 자신을 조금씩 놓아주기를 바랍니다. 인간은 자기 결정과 의지에 따라 변화할 수 있는 존재이며, 그 변화의 과정에서 자신을 믿는 것 또한 중요합니다.

    이제는 더 이상 유해한 사람에게 마음을 쏟기보다 당신을 진심으로 아껴 주는 좋은 사람들과 연대하며, 더 즐겁고 행복한 일상으로 당신의 삶을 아름답게 수놓기를 바랍니다.

    일상에 지친 하루 끝에, 당신 곁에 진심으로 당신을 아끼는 사람이 함께하며 다정한 말 한마디로 하루를 위로받는 시간이 찾아오길 바랍니다. 당신이 무엇보다 소중한 존재임을 늘 기억한다면, 앞으로의 시간 속에서 당신의 삶은 지금보다 더 따뜻하고 빛나는 순간들로 채워질 것입니다. 그런 날들이 당신의 일상이 되기를 진심으로 바랍니다.

차례

프롤로그 관계의 상처를 지나, 회복의 시작 — 5

1장
일상에 숨어든 나르시시스트

관계 회복 대신 자기 회복 시간이 필요하다 — 15
나르시시스트를 이해하려는 순간, 나를 잃었다 — 25
일상에서 만날 수 있는 나르시시스트 — 32
가면 뒤에 숨은 나르시시스트의 진실 — 44
나르시시스트의 그림자 던지기 '투사' — 52
나르시시스트가 심은 '가스라이팅'의 씨앗 — 58

2장
인간관계 속 나르시시스트

롤러코스터 뒤에 숨은 위험한 관계술 — 71
원가족 내 나르시시스트 '부모편' — 82
직장의 나르시시스트 '리더편' — 91
직장의 나르시시스트 '동료편' — 99
연인 사이 나르시시스트 — 108
친구 간의 나르시시스트 — 120

3장
나르시시스트와의 이별

나를 끌어당기는 사람, 왜 늘 그들이었을까? — 131
관계를 지키는 바운더리 — 140
자극과 반응 사이, 멈춤의 기술 — 151
도와주기 중독에서 벗어나는 거절 기법 — 163
나를 희생시키는 구원 환상, 이제는 놓아줄 때 — 176

4장
상처 입은 나 돌보기

당신 잘못이 아닙니다 — 185
나를 이해하면 관계가 보인다 — 195
상처 입은 '나' 돌보기 — 203
나의 감정과 욕구 살피기 — 212
자존감 회복을 위한 솔루션 — 221

5장
있는 그대로의 나로 만나는 관계

나를 지키는 관계의 기준 — 231
진정한 관계의 의미 '관계의 에너지' — 238
자유로운 의사소통 '비폭력 대화' — 243
시끄러운 원숭이 잠재우기 — 251
나답게 살아가는 관계의 비법 — 260

에필로그 회복의 시작점에서 이제 나를 사랑할 시간 — 268

1장

일상에 숨어든 나르시시스트

관계 회복 대신
자기 회복 시간이 필요하다

떠나지 못하는, 혹은 떠날 수 없다고 생각하는 관계가 있습니다. 가족, 직장 동료와 같은 관계는 혈연과 생존으로 얽혀 있어 어느 정도 참고 살면 괜찮아질 것이라는 믿음이 있습니다. 그 믿음을 바탕으로 한 나의 호의는 어느 순간 상대에게 권력으로 이어지고, 점점 쌓여 가는 마음의 상처에 그들에게 대항할 힘조차 잃어버립니다. 혹시 당신도 살아남기 위해, 지금 상황을 이해하기 위해 스스로를 탓하며 나의 문제로 책임을 돌리고 있지 않나요? 나에게 책임을 돌리는 것이 익숙해지면서 다양한 매체에서 말하는 '모든 문제는 나에게 있다.'라는 말을 전적으로 믿고, 또 그 믿음으로 상대를 더 이해하고자 하는 마음을 키웠는지도 모르겠습니다. 그런데 관계의 문제는 내가 아닌 상대로 인해 발생할 수도 있습니다.

김혼란 씨는 이직 후 잠을 설치는 날이 많아졌습니다. 조직에 적응하기 위해 고군분투하고 성과를 내기 위해서 야근을 강행합니다. 그러나 돌아오는 것은 '낙하산 인사'라는 소문이었습니다. 정식으로 면접을 보고 경력직으로 입사한 김혼란 씨는 소문의 근원을 알게 되었습니다. 팀 내에서 자신의 입지를 굳히고 팀장이 되고 싶었던 나 대리가 본인보다 경력이 좋은 사람, 김혼란 씨를 인정할 수 없었던 것입니다. 자신의 입지를 굳히기 위해 김혼란 씨에 대한 악의적인 소문을 퍼트려 다른 동료들도 김혼란 씨와 어울릴 수 없는 상황을 만들었습니다. 그럴수록 김혼란 씨는 나 대리에게 더 잘해 주고, 자신의 성과를 몰아주기도 했습니다. 하지만 나 대리의 악행은 멈추지 않았고 결국, 김혼란 씨는 몸과 마음의 상처를 입고 퇴사를 고민하게 되었습니다.

조직 내에서 알 수 없는 이유로 고립되거나 직장 내 괴롭힘의 대상이 될 경우, 출근하는 매일매일은 지옥과 같습니다. 그 지옥 같은 나날 속에서 살아남기 위해 자신에게서 원인을 찾고, 상대와 좋은 관계를 유지하고자 애를 씁니다. 한 번 더 웃어 주고, 커피를 사고, 업무를 도와주면서 관계를 회복하기 위해 노력합니다.
그런데 안타깝게도 당신은 잘해야 할 대상의 번지수를 잘못 찾앉습니다. 이런 상황에서 우리가 한 번쯤 생각해 봐야 할 다른 대상도 있습니다. 바로 나 대리 옆에 있는 '추종자'입니다. 추종자들은 왜 김혼란 씨의 편을 들어 주지 않을까요? 그들 역시 나 대리의 행동이 잘못되었다고 생각하지만, 나 대리의 권력이 자신의 직장 생활에 유리하다고 판단하기 때문에 집단에 동조하며 자신의 행동을 정당화합니다. 그럴수록 김혼란 씨는 문제의 원인을 자신에게서 찾으려 합니다. 그렇게 점점 객관성을 잃어버리고 현실을 바라보는 눈이 흐려집니다.

나를 위해 선택한다

김혼란 씨는 팀 내에서 억지로 좋은 관계를 위해 애쓰기보다 자신의 성과를 인정해 주는 다른 팀 동료들과 점심 약속을 잡고 관계에서 오는 어려움을 극복하고자 했습니다. 처음에는 다른 팀 동료들과 대화를 나누는 일이 어색했지만, 점점 자신을 믿어 주는 동료들이 생겼고, 그 믿음으로 회사에서 버틸 수 있는 심리적 자원을 마련했습니다. 하지만 그럴수록 나 대리의 질투와 시기는 더 커졌고, 압박도 더욱 세지기 시작했습니다.

  김혼란 씨는 나 대리의 압박을 견디기보다는 관계를 끊어 내기로 했습니다. 퇴사를 결심한 이후부터 업무 포트폴리오를 준비하고, 외부에서 평가 요청이 왔을 때 우호적으로 답변해 줄 수 있는 조직 내의 관계를 다져 나갔습니다. 유해한 관계에 휘둘리기보다 자신의 삶과 커리어를 지키는 데 집중하기로 한 것입니다.

퇴사를 결정한 것 또한 김혼란 씨가 자신의 힘으로 선택한 결과입니다. 문제를 자신의 탓으로 돌리는 것에서 벗어나, 상황을 객관적으로 인식하고 행복을 위해 관계를 끊어 내기로 결정한 것입니다. 생존과 직결된 직장을 그만두는 것은 결코 쉬운 일이 아닙니다. 하물며 혈연관계는 이보다 훨씬 복잡하고 정서적 유대까지 얽혀 있어 관계를 정리하는 데 더 큰 용기와 결단이 필요할 것입니다.

그러나 여기서 중요한 것은 '나는 ~ 때문에 ~을(를) 한다'가 아니라, '나는 나의 ~을(를) 위해 ~을(를) 선택한다'라는 주체적인 태도입니다. '때문에'라는 표현은 행동의 원인을 강조하는 반면, '위해'라는 표현은 목적을 향해 나아가려는 방향성을 담고 있습니다. 자신의 목적이 무엇인지 분명히 설정하면 그에 따라 나아갈 방향이 보이고 우리는 그 방향을 선택할 수 있습니다.

김혼란 씨는 '나는 팀 내 소문과 따돌림 때문에 더 열심히 일해서 성과를 내야 하고, 나 대리에게 더 잘해야 한다.'라는 생각으로 버텼습니다. 하지만 원인 중심의 태도로 연결된 행동 때문에 결국 김혼란 씨의 몸과 마음에 큰 상처가 남았습니다. 이후 김혼란 씨는 '때문에'라는 이유에서 벗어나 '나는 내 삶의 행복을 위해 이 관계에서 벗어나기로 선택한다.'라는 주체적인 태도를 보임으로써 자신의 삶을 위한 새로운 방향을 선택한 것입니다.

목적 지향적인 삶을 선택할 때, 우리는 더 이상 외부 환경이나 타인의 시선에 휘둘리지 않고, 스스로의 삶을 주도적으로 이끌 수 있습니다. 삶의 목적이 무엇인지 깊이 생각해 보면 자연스럽게 앞으로 나아갈 방향이 보이고, 우리는 그 방향을 선택할 수 있습니다. 우리는 어떤 어려운 상황 속에서도 '스스로 선택할 수 있다.'라는 사실을 잊지 않아야 합니다.

상실에 대한 마음의 반응

당신의 삶을 고통스럽게 만드는 사람이 있나요? 그 사람은 김혼란 씨처럼 팀 내에 있을 수도 있고, 가족, 친구, 연인일 수도 있습니다. 관계를 끊어 낼 때 우리는 '애도의 5단계'처럼 고통을 경험합니다. 관계의 깊이에 따라 감정은 더 거세질 수 있지만, 부정, 분노, 타협, 우울, 수용의 단계를 거치면서 고통을 이겨 냅니다. 그러나 타협의 단계나 우울의 단계에서 이를 받아들이기 힘든 나머지 다시 그때의 관계로 돌아가려고도 합니다.

1단계: 부정

김혼란 씨는 나 대리의 악의적인 소문과 따돌림으로 고통스러운 와중에도 '다른 사람하고는 잘 지내던데, 내가 과민 반응하는 건가?' 생각하며 본인을 의심했습니다. 또, 상황을 제대로 알지 못하는 조언가의 말에 마음이 흔들리기도 했습니다. 현실을 부정하고픈 마음에 원인을 인정하고 싶지 않을 수도 있으나 이는 일시적인 방어 행동이라는 것을 자각해야 합니다.

2단계: 분노

상황을 객관적으로 인식하면서 상대방의 행동이 잘못되었고, 자신이 피해자라는 것을 알게 되면 분노의 감정을 경험합니다. 왜 이런 고통을 겪어야 했는지 화가 치밀어 오르고 억울합니다. 이는 자연스러운 반응입니다. 분노가 치밀어 오를 때는 자신의 감정을 잘 표출하고 관리해야 합니다. 운동이나 등산을 하고, 걷기와 명상, 일기 쓰기 등을 통해 분노를 관리하는 방법을 만들어 두면 도움이 됩니다.

3단계: 타협

분노의 단계를 거치면서 무력감이 찾아올 수 있습니다. 이때 무력감에서 벗어나기 위해 '내가 더 잘하면 관계가 좋아지지 않을까?' 하는 생각이 들기도 합니다. 이 시기에는 힘들게 했던 그 관계로 돌아갈 수도 있으니 조심해야 합니다. 관계의 문제가 자신이 아니었음을 깨닫고, 나에게 상처 준 유해한 사람의 말과 행동을 다시 생각해야 합니다. 다시 한번 이 관계를 정리하려 했던 이유와 목적을 되새기는 것이 중요합니다.

4단계: 우울

그동안 쌓인 상처가 현실로 다가오면서 깊은 슬픔이 밀려올 수 있습니다. 그러나 이는 자연스러운 과정임을 이해해야 합니다. 때로는 이 슬픔이 너무 힘들어서 다시 상대방에게 돌아가고 싶을 수도 있습니다. 이 시기를 잘 이겨 내기 위해서는 상황을 이해하는 친구나 주변 사람의 지지가 필요합니다. 또는 심리 상담사나 정신건강의학과 의사 등 전문가의 도움을 받는 것도 중요합니다.

5단계: 수용

현실을 객관적으로 바라보면서 마음이 회복되는 시기입니다. 앞으로 내가 선택한 삶을 어떻게 살아야 할지 생각해 보고, 더 나은 관계로 출발하는 방법을 모색하는 시기입니다.

위의 5단계는 시간이 걸리지만, 이는 상처받은 관계에서 충분한 회복이 필요함을 의미하기도 합니다. 자신을 비난하고 자책하는 시간이 아닌, 자기를 이해하고 돌보는 시간으로 자신의 마음과 화해하는 과정이 되었으면 합니다.

앞서 살펴본 나 대리는 전형적인 나르시시스트의 모습을 보이고 있습니다. 이러한 나르시시스트와 유해한 관계에 놓이면 누구라도 마음이 혼란스럽고 힘들 수밖에 없습니다. '지피지기면 백전백승'이라는 말이 있습니다. 나르시시스트를 이해하면 이들에게 어떻게 대처하고, 스스로를 어떻게 보호해야 하는지에 집중할 수 있습니다. 나르시시스트와의 관계에서는 김혼란 씨처럼 삶의 목적과 방향성을 떠올리고 자신을 지키는 것이 우선입니다.

관/계/회/복/노/트

나르시시스트와의 관계에서 벗어나 자신의 감정을 이해하고, 회복의 방향성을 스스로 선택할 수 있도록 작성해 주세요.

❶ 당신은 지금 어떤 단계에 있나요? 자신의 마음 상태와 가장 가까운 문장을 선택해 주세요(중복 체크 가능).

- ☐ **부정의 단계**: 아직도 그 사람이 유해한 사람, 나르시시스트라는 사실을 믿기 어렵다.
- ☐ **분노의 단계**: 너무 억울하고 화가 나서 잠이 오지 않고, 그 사람에게 연락해 화를 내고 싶다.
- ☐ **타협의 단계**: 그 사람으로부터 다시 연락이 오면 이전과 다르게 관계를 맺을 수 있지 않을까 고민한다.
- ☐ **우울의 단계**: 모든 것이 내 잘못 같고 아무것도 하고 싶지 않다.
- ☐ **수용의 단계**: 이제 내 삶을 살고 싶다.

❷ 이제 선택하는 삶을 결정해 보기를 바랍니다.

예시

나는 팀 내 소문과 따돌림 때문에 더 열심히 일해서 성과를 내야 하고, 나 대리에게 더 잘해야 한다.

→ 나는 내 삶의 행복을 위해 이 관계에서 벗어나기로 선택한다.

예시

나는 가족이기 때문에 어쩔 수 없이 참고 산다.

→ 나는 내 삶을 살기 위해 나의 감정을 표현하기로 선택한다.

나는 _____ 때문에(원인)

_____ 을(를) 한다.

→ 나는 _____ 을(를) 위해(목적)

_____ 을(를) 선택한다.

나르시시스트를 이해하려는 순간, 나를 잃었다

타인의 인정에 지나치게 집착하는 사람들이 있습니다. 이들은 자신을 사랑하는 방법을 알지 못합니다. 내면의 공허함과 열등감을 타인의 인정으로 채우며 불안정한 내면을 유지합니다. 그 텅 빈 공간이 인정으로 채워지면 좋겠지만, 깨진 독처럼 또 다른 구멍이 있어서 인정 욕구는 채워질 수가 없습니다. 자신에 대한 확신이 없으니 오로지 타인의 영혼을 착취해서 우월감을 느끼고 드러내려 합니다. 또한, 타인의 마음에 공감할 수 없기 때문에 상대방의 아픔을 이해하지도 못합니다. 내면에 깊게 뿌리박힌 문제를 인식하지 못하고 타인에게 투사하는 방법으로 상대를 가스라이팅합니다. 이들에게 문제의 원인은 '나'가 아니라, 항상 '너'일 뿐입니다.

어떤 사람은 '설마 그런 사람이 있다고?' 하며 의아해하거나 '어쩌다 그렇게 되었을까?' 하며 안타까워하기도 합니다. 안타까워하는 사람들이 바로 그들의 먹잇감으로 희생될 가능성이 높습니다. 이처럼 타인을 희생양 삼아 자신의 가치를 과시하고 확인하려는 사람을 '나르시시스트'라고 합니다.

나르시시스트Narcissist라는 말은 그리스 로마 신화에 등장하는 인물 나르키소스Narcissus에서 유래되었습니다. 많은 사람들이 아름다운 청년 나르키소스를 사랑했지만 나르키소스는 오직 자신만을 사랑했습니다. 그때 나르키소스에게 한눈에 반해 사랑에 빠진 숲의 요정 에코가 등장합니다. 에코는 여신 헤라에게 상대방의 마지막 말을 반복할 수밖에 없는 벌을 받고 있었습니다. 에코는 나르키소스에게 고백하는 순간에도 그의 말을 따라 할 수밖에 없는 처지였습니다. 나르키소스에게 거절당한 에코는 숲속 동굴에서 몸과 마음이 타들어 가고, 목소리로만 남게 됩니다.

이기적인 나르키소스에게 분노한 다른 요정들은 "그 역시 누군가를 사랑하고, 그 사랑을 이룰 수 없게 해 주소서."라고 기도합니다. 결국 나르키소스는 연못에 비친 자기 자신을 사랑하게 됩니다. 먹지도 마시지도 않고 호수에 비친 자기 모습만 바라보다가 그는 죽음을 맞게 되고, 그가 죽은 자리에서 피어난 꽃이 바로 나르키소스, '수선화'입니다. 수선화는 '자기도취', '자기애', '자만'이라는 꽃말을 지니고 있습니다.

나르키소스 이야기는 자신에 대한 과대한 사랑과 우월감, 타인의 마음에 공감하지 못하고 타인을 이용하는 경향을 가진 사람들을 설명하는 나르시시즘의 토대가 됩니다.

그러나 여기서 주목하고 싶은 인물은 나르키소스가 아닌, '에코'입니다. 한 사람을 사랑했고 그 사랑에 진심으로 다가갔지만, 결국 나르키소스에게 처참하게 무시당하고 죽음을 맞이했습니다. 에코는 자신의 말을 누군가에게 전할 수 없는 요정이었다는 점에서 '고립'의 삶을 살았습니다. 또한, 자신의 감정을 표현할 수 없고 타인의 말을 반복해야만 하는 입장이었습니다. 에코의 모습은 현대로 온 나르시시스트의 희생양과 많이 닮았습니다. 나르시시스트를 경험한 사람들은 몸과 마음이 피폐해지고, 가스라이팅으로 인해 고립되기도 합니다.

나를 잃어 가는 관계의 덫

나고립 씨는 소개팅에서 만난 박나르 씨에게 매료되었습니다. 자기 일에 확신 있는 태도와 자신감, 든든해 보이는 모습에 호감을 느꼈습니다. 박나르 씨는 나고립 씨에게 적극적인 모습으로 자신의 확고한 비전을 설명했습니다. 지금은 사업을 준비하고 있지만 자신의 비전에 열정이 있다면서 어필했습니다. 나고립 씨는 박나르 씨를 만나도 괜찮을 것 같아 둘은 연인 관계로 발전했습니다.

그런데 연인 사이가 되자 박나르 씨는 처음 만났을 때와 다른 모습을 보였습니다. 그의 비전은 말에서만 열정을 보였을 뿐, 행동에서는 전혀 보이지 않았습니다. 이런 모습에 걱정이 되어 나고립 씨가 조금이라도 조언을 하려고 하면 돌아오는 대답은 "사업은 때를 봐서 하는 건데, 넌 내가 구상하는 사업에 대해 전혀 몰라서 그런 말을 하는 거야."라고 하며 면박을 줍니다. 나고립 씨가 작은 실수라도 하는 날에는 불같이 화를 내며, 나고립 씨의 잘못된 행동을 지적하고 며칠 동안 연락이 되지 않았습니다. 처음에는 헤어지려고 결심했지만, 아무렇지 않게 다시 연락해 미안하다고 하는 박나르 씨와 헤어지기도 쉽지 않았습니다.

가끔 나고립 씨가 박나르 씨에게 친구와의 관계에 대해 속상한 일을 털어놓으면 박나르 씨는 "난 네가 그 친구들을 만나는 게 사랑하는 사람 입장에서 마음에 걸려. 왜 너한테 피해를 주는 사람하고 어울리는 건지 이해가 되지 않아."라고 말하면서 관계 정리를 종용했습니다. 나고립 씨는 박나르 씨가 진정으로 자신을 사랑한다고 믿었지만, 어느새 나고립 씨 곁에 남은 건 남자 친구 박나르 씨뿐이었습니다. 관계가 고립되면서 자신의 힘든 상황을 이야기할 사람조차 없는 처지에 이른 것입니다. 연애 초기에 친구들은 그 사람이 좋은 사람 같지 않다고 말렸으나 남자 친구 말처럼 친구들이 자신을 질투한다고 믿었기에 헤어지지 않았습니다. 나고립 씨는 여전히 '그는 나를 사랑하고 있어. 표현 방식이 서툴러서 그런 거야.'라는 생각을 믿으며 이 관계를 정리하지 못하고 있습니다.

 가까운 사람이 당신을 고립시키고, 당신의 존재를 무시한다면 어떤 결정을 내리겠습니까? 이 글을 읽는 몇몇은 이해할 수 없을지도 모릅니다. '어떻게 저런 관계를 끊어 내지 못하지?' 우리 삶은 글 속에 있는 몇 줄로 요약되지 않습니다. 만나는 시간이 길어질수록 상대가 나를 조종하고 있다는 생각을 미처 하지 못합니다. 사랑에 빠지는 순간의 핑크빛은 눈을 가리고 귀를 닫게 합니다. 그리고 이상한 낌새를 눈치챘을 때, 이미 상대는 당신이 떠나지 못하게 판을 짜고 있었을지도 모릅니다. 그것이 바로 '고립'입니다.
 당신 또한 함께한 시간에서 스스로 가진 믿음이 가짜였다는 사실을 인정하기 어려울 수도 있습니다. 잘못되고 있는 것 같다는 마음의 신호를 따르는 대신 상대가 가끔씩 주는 달콤한 말과 행동에 나를 속이며 관계를 유지하기도 합니다. 그러나 우리가 알아야 하는 사실은 그 상대로부터 최대한 멀리 도망쳐야 한다는 것입니다.
 상대를 떠났을 때 찾아오는 낯선 공허함을 이겨 내야 합니다. 떠나지 못하는 관계는 없습니다. 스스로 떠나지 못하는 이유를 만들고 있는 것은 아닌지 살펴봐야 합니다. '내가 떠나면 상대는 혼자 남잖아.', '내가 저 사람을 도와줘야 하지 않을까? 나마저 떠나면 저 사람은 어떻게 해?' 이런 구원 환상에 빠져 정작 구원해야 하는 자신을 구원하지 못하고 있는 건 아닌지 돌아보길 바랍니다. 만일 나르시시스트가 곁에 있다면 당신의 영혼은 조금씩 병들어 가고 있을 것입니다.

나르시시스트는 말합니다. "제가 당신에게 나를 사랑하라고 강요한 적 있나요? 당신이 나를 사랑한 것 아닌가요? 나에게 책임을 돌리지 말아요. 모든 책임은 날 선택한 당신에게 있습니다." 이 말이 어떻게 들리나요? 그럴듯해서 맞는 말 같기도 합니다. 그래서 정신을 똑바로 차리고 있어야 합니다. 이 말 속에는 날카로운 칼이 숨어 있습니다. 모든 책임을 교묘하게 상대에게 떠넘기고 있기 때문입니다. 나르시시스트의 이런 말은 정교하게 조작된 논리로 당신을 휘두르기에 충분합니다.

사랑은 자신을 사랑하는 마음과 상대를 사랑하는 마음의 균형을 이룬 사람만이 주고받을 수 있습니다. 당신은 존재만으로 사랑받기에 충분합니다. 사랑을 주고받을 수 있는 사람과의 관계에서 행복을 만들기를 바랍니다.

관/계/회/복/노/트

아래 내용을 읽으면서 자신의 마음을 돌아보고 건강한 관계를 위해 무엇을 하면 좋을지 선택해 봅시다.

❶ 나르시시스트와의 관계에서 자신의 생각을 자유롭게 표현하고 있나요? 그렇지 않다면 이유는 무엇인가요?

_____

❷ 상대방으로 인해 가족, 친구, 동료와의 관계가 멀어진 적이 있나요?

_____

❸ '이 관계를 떠나면 상대방은 혼자 남을 텐데.' 또는 '저 사람은 나만이 도와줄 수 있어.'라고 생각한 적이 있나요? 그렇다면 그 이유는 무엇인가요?

_____

❹ 제3자의 시각으로 봤을 때 이 관계를 유지하는 것이 당신의 삶에 도움이 되나요?

_____

❺ 이제 당신은 자신을 위해 어떤 선택을 해야 하는지, 선택을 위한 다짐의 문장을 작성해 주세요.

_____

일상에서 만날 수 있는 나르시시스트

어린아이들은 "세상은 나를 중심으로 돌아가는 거야!"라는 자기중심적인 생각을 합니다. 하지만 성장 과정에서 "세상은 나를 중심으로만 돌아가는 건 아니야."라는 깨달음을 얻으면서 주변을 돌아보게 됩니다. 이러한 깨달음은 자신을 겸손하게 만들며 나와 타인을 존중하고 공감하는 마음을 지니게 합니다. 그러나 자기애가 강한 나르시시스트의 생각은 다릅니다. "세상은 나를 중심으로 돌아가는 거야!"라는 유아기적 생각으로 세상을 바라봅니다. 이러한 믿음은 나르시시스트 안에 견고하게 자리 잡고 있습니다. 이들은 이 신념이 깨지지 않도록 자기를 중요한 사람으로 여기며, 자신에게 조언하는 사람을 비난하고 타인에게 착취적인 방식으로 관계를 맺습니다.

자기 자신에게만 집중하는 모습 때문에 나르시시스트가 맺는 관계는 외롭고 고독할 것이라고 여길 수 있습니다. 그러나 이들은 자신의 불안정한 내면을 채울 수 있는 '먹잇감', 즉 자신을 인정하고 자신에게 에너지를 공급해 줄 수 있는 상대방을 찾는 데에는 선수입니다.

나르시시스트는 『정신 장애 진단 및 통계 편람 제5판Diagnostic and Statistical Manual of Mental Disorders, DSM-5』에서 정의된 B군 성격 장애 중 하나인 '자기애적 성격 장애Narcissistic Personality Disorder' 개념에 포함됩니다. B군 자기애적 성격 장애는 다음 9개의 특성 중 5개 또는 그 이상의 특성을 가지고 있습니다.* 자기애적 성격 장애를 가진 사람의 특징을 살펴보면 지금 내 주변에서 나를 괴롭히는 사람을 분별하는 데 도움이 됩니다. 다만 정확한 진단을 위해서는 전문가와의 면담이 필요합니다.

자기애적 성격 장애의 특성

1. 자신의 중요성에 대한 과장된 지각을 갖고 있다(자신의 성취나 재능을 과장하거나 뒷받침할 만한 성취가 없으면서도 우월한 존재로

* 권석만, 『현대 이상심리학』, 학지사, 2015

인정받기를 기대함).
2. 무한한 성공, 권력, 탁월함, 아름다움 또는 이상적인 사랑에 대한 공상에 집착한다.
3. 자신이 특별하고 독특한 존재라고 믿는다. 특별하거나 상류층의 사람들만이 자신을 이해할 수 있고 또한 그런 사람들(혹은 기관)하고만 어울려야 한다고 믿는다.
4. 과도한 찬사를 요구한다.
5. 특권 의식을 가진다. 특별 대우를 받을 만한 이유가 없는데도 특별 대우나 복종을 바라는 불합리한 기대감을 가진다.
6. 대인관계가 착취적이다. 자기 자신의 목적을 달성하기 위해 타인들을 이용한다.
7. 감정 이입 능력이 결여되어 있다. 타인들의 감정이나 욕구를 인식하거나 확인하려 하지 않는다.
8. 흔히 타인을 질투하거나 타인들이 자신을 질투하고 있다고 믿는다.
9. 거만하고 방자한 행동이나 태도를 보인다.

자기애적 성격 장애를 지닌 사람은 자존감을 유지하는 방법을 외부 요인에서 찾으며, 과장된 자기 모습을 보입니다. 타인에 대한 공감 능력이 부족하니 상대방이 힘들다고 말해도 전혀 동요하지 않습니다. 타인을 그저 자신의 우월성을 증명하는 도구라고 생각하기 때문에 대상에게 착취적인 행동을 하면서도 죄책감을 느끼지 않습니다. 죄책감을 느끼지 않기 위해 그럴싸한 합리화로 포장하는 일 역시 대단히 잘합니다.

나르시시스트라는 큰 범주 안에 자기애적 성격 장애가 포함되는 개념입니다. 실제로 자기애적 성격 장애로 진단되는 경우는 일반 인구에서 1% 미만이며 임상 진단 환자에서 2~16%로 보고 있습니다.* 대인 관계와 정서 조절 등에서 건강하게 기능하는 나르시시스트부터 자기애적 성격 장애를 나타내는 나르시시스트까지, 나르시시스트는 우리 주변에 다양한 모습으로 존재합니다.

자기애적 성격 장애와 마찬가지로 B군 성격 장애 중에는 반사회적 성격 장애가 있습니다. 이들은 흔히 소시오패스, 사이코패스로 불리며 공감 능력이 결여된 채 타인을 무시하고, 공격성, 충동성, 타인을 속이는 반복적인 거짓말과 기만, 무책임 그리고 타인에 대한 학대와 폭력 등의 특징을 보입니다. 반사회적 성격 장애는 유전적 요인과 환경적 요인 모두 영향을 미치는 것으로 알려져 있습니다.

일반적으로 소시오패스는 학대와 방임, 환경 요인 등에 의해 후천적으로 형성되는 경향이 있고, 사이코패스는 선천적인 요인이 더 크게 작용한다고 여겨집니다. 반사회적 성격 장애는 18세 이상의 성인에게 진단할 수 있으며, 대부분은 15세 이전에 정학, 무단 결석,

* 권석만, 『현대 이상심리학』, 학지사, 2015

폭력, 반복적인 거짓말, 가출, 방화, 동물 학대, 타인을 괴롭히는 등의 행동을 보입니다. 이들은 일반적으로 자신의 행동에 대해 반성하는 태도를 보이지 않는 것이 특징입니다.

자기애성 성격 장애와 반사회적 성격 장애는 공감 능력 결여, 자기중심적이고 이기적인 성향, 타인에 대한 착취와 조작적인 행동, 대인 관계 문제 등의 여러 공통적인 특징을 보입니다.

성격은 한 사람의 평생에 걸쳐 만들어지는 것으로, 독특성과 안정성이라는 특징을 지닙니다. 독특성은 다른 사람과 구별되는 고유한 특징을 의미하며, 안정성은 시간과 상황이 변해도 일관되게 나타나는 행동 패턴을 의미합니다. 두 가지 특징 중 '안정성'으로 인해 성격은 쉽게 변하지 않는 경향이 있습니다.

그럼에도 일반적인 사람들은 자신의 부족함을 발견하면 보완하기 위해 노력하면서 변화하고자 합니다. 하지만 성격 장애를 지닌 사람은 자기 인식이 없거나 약하기 때문에 변화하기가 어렵습니다. 이들은 대인 관계에 어려움이 있어도 자신에게 문제가 없다고 생각하니 상담을 받으려 하지 않으며, 주변인의 권유로 상담을 시작하더라도 중도에 그만두는 경우가 대부분입니다. 따라서 주변에 있는 유해한 사람들의 성격을 변화시킬 수 있다고 기대하는 것은 현실적으로 무모한 일입니다.

일상에 숨어 있는 나르시시스트

자신만을 사랑할 수밖에 없었던 나르키소스는 호수에 비친 모습이 자신이라는 것도 알아차리지 못했습니다. 이처럼 나르시시스트 역시 자기 자신을 잃어버린 채 스스로가 어떤 사람인지도 알지 못합니다. 이러한 자기 상실은 내면의 불안정성과 취약함을 드러냅니다. 실제로 나르시시스트는 열등감과 수치심으로 내면이 채워져 있으며, 그 모습은 다양하게 나타납니다. 대표적으로 외현적 나르시시스트, 내현적 나르시시스트 그리고 악성 나르시시스트가 있습니다.

외현적 나르시시스트

일반적으로 나르시시스트를 떠올리면 생각나는 이미지가 있습니다. 자신의 능력이나 성과를 과장하는 모습을 보이고, 자신이 어디에서나 주인공이어야 하며, 주목받기를 원합니다. 우리가 알고 있는 나르시시스트는 대부분 외현적 나르시시스트입니다.

자신을 특별한 존재라고 생각하고, 세상의 중심이라고 여기며, 주로 대화를 주도합니다. 마치 관종('관심 종자'의 줄임말)이라고 생각할 수 있습니다. 그러나 이들은 자신을 대단한 사람으로 만들기 위해 타인을 폄하하고, 도구로 사용한다는 점에서 일반적인 관종과는 다릅니다.

이들에게는 사회적 지위나 체면이 중요하기 때문에 자신의 성공을 위해 타인을 기꺼이 희생양으로 삼기도 합니다. 자신에게 필요한 사람과는 대인 관계 기능이 좋은 편이지만, 친밀함은 결여된 상태입니다. 이들은 사소한 비판을 받아들이지 못하기 때문에 사람들이 자신을 시기하고 질투한다는 말을 자주 합니다. 이때 상대방이 "어떤 근거로 질투한다고 생각하는 거예요?"라고 물으면 명쾌하게 대답하는 대신 "분위기를 보면 알 수 있어요.", "사람들의 태도에서 알 수 있어요."와 같은 추상적인 답변을 합니다. 이는 세상이 자신을 중심으로 움직인다는 특권 의식에서 비롯된 태도이기도 합니다. 즉 모든 사람들이 자신을 주목하고 부러워한다고 생각하는 것입니다.

　이성 관계에서도 착취적입니다. 나르시시스트는 자신의 파트너가 외적으로 멋지고 아름다워야 한다고 생각합니다. 이는 상대의 외모가 다른 사람에게 '나는 이렇게 멋지고 아름다운 사람과 사귈 수 있는 대단한 사람'으로 과시할 수 있는 도구로 작용하기 때문입니다. 그러나 이들의 관계는 오래가지 못합니다.

　만남의 대상도 자신의 지적 능력, 지위, 체면과 맞아야 한다고 여깁니다. 관계를 맺을 때 상대방이 자신보다 부족하다고 판단하면 더 이상 이 관계를 지속할 이유가 없다고 생각합니다.

　외현적 나르시시스트는 겉으로 볼 때 자신감 넘치고 매력적인 사람으로 비춰지며, 주목받는 것을 즐기며 주변을 사로잡는 에너지가 있습니다. 때로는 자신을 더 돋보이게 만들기 위해 관계 내에서 희생하는 모습을 연출해 보이기도 합니다.

그러나 그들의 행동을 면밀히 살펴보면 겉으로 드러난 자신감 이면에 취약한 내면과 결여된 공감 능력이 있음을 알 수 있습니다. 그들은 공감이 나약한 사람들만 사용하는 특성이라고 생각합니다. 오히려 상대를 통해 자신의 우월함을 확인하고, 비판이나 조언을 자신에 대한 공격이나 모욕으로 해석할 만큼 취약한 내면을 가지고 있습니다. 물론 자신에게 이로운 조언, 자신의 이미지를 향상시킬 수 있다고 여겨지는 조언은 제한적으로 받아들이기도 합니다.

내현적 나르시시스트

내현적 나르시시스트는 민감한(과민한) 나르시시스트라고도 표현합니다. 외현적 나르시시스트와 다르게 이들은 주목받는 것을 좋아하지 않고 수줍어합니다. 타인의 반응에 민감하며, 감정을 억제하는 모습을 보입니다. 또한, 사회화된 공감 능력(가짜 공감 능력)을 발휘하고, 겸손한 사람으로 비치기 때문에 나르시시스트로 생각되지 않습니다.

임상심리학자 한수정은 저서 『자기애성 성격장애』에서 내현적 나르시시스트에 대해 다음과 같이 서술합니다. "'과민한' 행동 양상 기저에는 '나는 상처받아서는 안 되고, 거절당해서도 안 되며, 못하는 것이 있어서도 안 되고, 밉보여서는 안 되는 사람이다'라는 자기상이 뿌리 깊게 자리 잡고 있다. 즉, '나도 뭔가 못할 수도 있다, 못날 수도 있다'는 것을 받아들이지 못하기 때문에 이를 '자기애적' 혹은

'자기도취적'이라고 개념화할 수 있다"고 그들을 정의합니다.

이들의 내면은 외현적 나르시시스트와 다르지 않습니다. 특권의식을 가지고 있으며 자신을 과장하고, 비판에 취약합니다. 자신이 성공하지 못한 이유를 외부 요인, 남 탓과 환경 탓으로 책임을 돌립니다.

이들은 상대방이 자신의 성과나 결과를 인정하지 않으면 분노를 느낍니다. 타인의 인정으로 자신의 자존감을 유지할 수 있기 때문입니다. 누군가 자신을 비판하면 강한 수치심을 느끼고, 교묘한 수동-공격적인 태도를 보입니다. 이들의 수동-공격적인 태도는 상대방의 감정을 불편하고 불쾌하게 만드는데, 일부러 약속에 조금씩 늦거나, 질문에 대한 대답을 회피하고, 말을 비꼬거나 조롱하는 태도, 뒤에서 조용히 험담하는 모습 등을 보입니다. 직접적인 공격 형태가 아닌 은밀하고 간접적인 공격 형태를 띠고 있기 때문에 상대방은 관계에서 혼란스러움을 경험하고, 이에 대한 원인을 파악하지 못해 심리적으로 고통스러워합니다.

이들 역시 자신의 어린 시절 상처나 아픔을 말하며 상대방에게 동정심을 불러일으킵니다. 공감 능력이 좋은 사람들은 이들의 이야기를 듣고 힘이 되어 주고자 칭찬과 격려의 말을 시도하며 돌보려고 하지만, '밑 빠진 독에 물 붓기'처럼 끝이 보이지 않습니다. 결국 관계에서 벗어나고자 할 때조차 죄책감에 시달리며 다시 이들의 사슬에 묶이게 됩니다.

악성 나르시시스트

악성 나르시시스트는 상대의 영혼을 파괴할 수 있는 유형입니다. '어둠의 4요소'라고 불리는 나르시시즘, 사이코패스, 사디즘(다른 사람에게 고통과 괴로움을 주고 즐기는 사람), 마키아벨리즘(목적을 달성하기 위해 수단과 방법을 가리지 않고 남을 조종하는 사람)을 포함하는 복합적인 성격 특성을 보입니다.

프랑스 정신 분석학자 폴-클로드 라카미에Paul-Claude Racamier는 『기원의 특성』에서 '악성 나르시시스트'를 다음과 같이 설명합니다.

"그들은 침습형 공격자이며, 타인의 자유와 창의성을 마음껏 짓밟는 이들이다. 그들은 상대의 기쁨과 욕구를 지배하려 들고, 자신의 내적 갈등 특히 애도의 슬픔을 피하기 위해 상대를 도구로 조종하거나 희생양으로 만든다. 상대에게 해를 끼치면서 자신이 원하는 것을 이루려는 자들이다."*

폴-클로드 라카미에의 설명에서 유추할 수 있듯, 악성 나르시시스트는 자신의 목적을 달성하기 위해서는 수단과 방법을 가리지 않습니다. 자신의 욕구를 충족시키기 위해 타인을 조종하거나 착취하며 윤리적, 도덕적 한계를 무시하고 신체적, 정신적으로 해를 가할 가능성이 높습니다. 악성 나르시시스트는 "이 일은 당신이 자초

---

* 장 샤를르 부슈, 권효정 옮김, 『악성 나르시시스트와 그 희생자들』, 바다출판사, 2017

한 것입니다. 제가 등 떠민 것이 아니라, 당신의 선택이었습니다."라는 교묘한 말로 책임을 전가하고 상대방을 혼란에 빠뜨립니다. 이들은 타인을 조종하고 괴롭히면서 만족감을 얻는데, 이는 타인에 대한 지배력, 즉 타인을 내 발아래 두고 싶어 하는 마음입니다.

나르시시스트는 강도의 차이는 있지만, 내면에 깊은 결핍이 있다는 공통점이 있습니다. 이 결핍을 해소하기 위해 타인의 인정을 필요로 하며, 이를 충족하기 위해 곁에 있는 사람을 교묘하게 조종하고 착취합니다. 이러한 행동의 근저에는 공감 능력의 결여가 자리 잡고 있습니다. 공감 능력은 타인의 마음을 이해하고 배려하는 능력인데, 만약 그들이 공감 능력을 갖추고 있었다면 이러한 착취적 행동을 하지 않았을 것입니다.

나르시시스트의 내면적 결핍, 공감 능력의 결여 그리고 착취적인 행동 등을 이해하는 것은 그들에게 휘둘리지 않고 자신을 지키는 힘을 기르는 일입니다. 이들의 행동을 인식하고 경계할 때, 관계의 주도권을 지킬 수 있습니다. 그 주도권이 이별이든, 거리 두기든, 어떤 선택을 하더라도 가장 중요한 것은 자신을 지키는 것입니다.

관/계/회/복/노/트

나르시시스트는 다양한 유형으로 나타납니다. 이들의 행동을 인식하고 경계한다면 관계의 주도권을 지킬 수 있습니다.

❶ 당신 주변의 나르시시스트는 어떤 특징을 가지고 있나요? 그 사람의 행동이나 말투, 태도를 떠올린 다음, 어떤 나르시시스트에 해당하는지 적어 보세요.

---

❷ 관계 안에서 당신은 어떤 에너지를 공급하고 있나요?

　　칭찬이나 인정의 말을 자주 표현한다. / 그들을 안쓰럽게 생각해서 보호자 역할을 한다. / 그들의 말에 민감하게 반응하고 호응하며 공감을 한다. / 사소한 행동에도 찬사를 아끼지 않는다.

❸ 이 관계에서 당신이 얻는 긍정적인 점은 무엇인가요?

---

❹ 이 관계에서 반복적으로 경험하는 어려움이나 불편한 점은 무엇인가요?

---

❺ 앞으로 나르시시스트에게 휘둘리지 않기 위해 오늘부터 실천할 수 있는 것은 무엇인가요?

가면 뒤에 숨은
나르시시스트의 진실

〈백설공주〉의 왕비, 〈라푼젤〉의 마녀 고델, 〈미녀와 야수〉의 가스통에게는 공통점이 있습니다. 이들은 상대방의 감정을 고려하지 않고 착취적인 행동을 하면서도 죄책감을 느끼지 않습니다. 이는 전형적인 나르시시스트의 특징입니다.

우선, 〈백설공주〉에 등장하는 왕비는 마법의 거울에게 세상에서 가장 아름다운 사람이 누구인지 반복적으로 묻습니다. 이는 자신의 불안정한 자존감을 끊임없이 확인받으려는 행동으로 나르시시스트의 특징 중 하나인 과도한 자기중심성과 인정 욕구를 보여 줍니다. 왕비는 마법의 거울에게 자신이 가장 아름답다는 답을 들을 때만 만족합니다. 마법의 거울이 자신보다 백설공주가 더 아름답다고 하면,

강렬한 질투심과 분노에 사로잡힙니다. 결국, 백설공주를 죽이려는 극단적인 행동도 서슴지 않습니다. 이는 나르시시스트가 자신의 우월감이 위협받을 때 보이는 공격성입니다.

〈라푼젤〉의 마녀 고델은 자신의 젊음과 아름다움을 유지하기 위해 라푼젤을 성(탑) 안에 가두고, 외부 세계는 위험하고 두려운 곳이라는 거짓 정보를 주입합니다. 라푼젤은 고델 몰래 성 밖으로 나와 세상에 발을 디디고, 행복을 느낍니다. 하지만 그 순간 라푼젤은 '내가 나온 걸 알면 엄마는 나에게 실망하고 화를 낼 거야. 나는 나쁜 딸이야.'라고 생각하며 행복한 자유 속에서 혼란과 두려움, 죄책감을 느낍니다. 라푼젤은 고델의 지속적인 가스라이팅으로 현실을 제대로 인식하지 못하게 된 것입니다. 오랜 시간 착취와 가스라이팅을 경험한 사람은 자기 생각을 믿기 어려워합니다. 그 결과 스스로의 판단과 감정마저 의심하게 되는 경우가 많습니다.

〈미녀와 야수〉의 가스통은 자신을 거절하는 벨의 감정과 생각에는 전혀 관심을 기울이지 않고, 오직 자신의 목적(벨과의 결혼)에만 집착합니다. 또한, 벨의 아버지를 정신 병원에 가두려는 계략을 꾸미고, 벨에게 거절당하자 분노와 집착을 드러냅니다. 그는 자신의 외모, 마을 사람들의 관심과 추앙에 집착하며, 원하는 것을 얻지 못할 때는 폭력적인 행동으로 대응합니다. 가스통은 자신의 불안정한 자존감과 내면의 결핍을 감추기 위해 과도하게 자기중심적이고 공격적으로 행동합니다.

동화 속에서 나르시시스트는 거리를 둬야 하는 악인 캐릭터로 정확하게 묘사됩니다. 그러나 아이러니하게도 현실에서 이들을 만나면 이들의 횡포에 쉽게 휘둘리기도 합니다.

'나르시시스트를 한 번에 알아보는 방법은 없을까?'라는 질문이 떠오를 수 있습니다. 그러나 이에 대한 답은 단번에 알아차리기가 어렵다는 것입니다. 특히 교묘한 나르시시스트는 본색을 감추는 데 능숙합니다. 그들은 종종 매력적이고 호감을 주는 태도로 다가오기 때문에 겉모습으로는 판단할 수 없습니다. 관계 초기에는 꼭꼭 숨겼다가 몇 달이 지난 후, 또는 결혼 후에야 본모습을 보이는 경우도 있습니다. 그들과 청소년기를 함께 보낸 친구라도 그들이 나르시시스트인 것을 알아차리기란 쉽지 않습니다. 청소년기는 서로의 행동을 깊이 있게 비판적으로 바라보기보다는 관계 유지에 더 신경을 쓰는 시기이기 때문입니다.

성인이 되어 각자 다른 환경에서 사람들과 어울리다 보면 '친구'는 단지 마음속에 있는 오래된 좋은 벗이 됩니다. 그러다 오랜만에 친구를 만나는 자리에서 나르시시스트는 직장, 사회적 지위 등으로 우열을 가르는 말을 합니다. 또는 서로의 다른 친구를 소개하는 자리에서도 나르시시스트는 "○○이는 너무 착해서 만나는 사람한테 이용만 당했어요. 좋은 사람 있으면 소개 좀 해주세요.", "아직도 그 일 해? 하긴 네 조건이면 이직이 어렵지." 등 걱정하는 척하면서 실제로는 상대방을 얕잡아 봅니다. 자신의 우월감을 유지하기 위해 타인을 공개적으로 혹은 교묘하게 폄하하며, 상대방의 감정이나 입장에는 관심을 기울이지 않습니다. 이는 자신이 중심이 되어야 한다는 강한 욕구와 내면의 불안정한 자존감을 감추려는 심리에서 비롯됩니다.

사회적 관계에서도 나르시시스트는 자신이 유리한 위치에 있을 때는 본색을 드러내지 않다가, 불리한 상황에 처했을 때 본모습을 드러냅니다. 그러므로 나르시시스트의 덫에 걸렸다고 자신을 자책할 필요는 없습니다.

나르시시스트를 경험한 사람들은 다시 나르시시스트를 만날지도 모른다는 두려움에 관계를 회피하기도 합니다. 하지만 그렇게 되면 좋은 사람과의 관계 기회를 놓칠 수 있습니다. 나르시시스트에 대한 이해를 바탕으로 그들의 다양한 행동 패턴을 주의 깊게 관찰하고, 자신의 내면 감정에 귀를 기울여야 합니다. 또한, 관계에서 자신의 기준과 경계를 명확히 정해 두는 것도 필요합니다.

나르시시스트를 알아보는 신호

나르시시스트는 공감 능력이 부족하고, 시기와 질투에 사로잡혀 있으며, 타인의 경계를 침범하는 이기심을 드러냅니다. 그 이면에는 수치심을 견디지 못하는 약한 자존감이 자리 잡고 있습니다.

첫 번째, '공감 능력 부족'은 모든 나르시시스트의 대표적인 특징입니다. 공감은 정서적 공감과 인지적 공감으로 나뉩니다. 정서적 공감은 상대방의 감정을 살필 수 있는 능력이며, 인지적 공감은 상대방의 상황을 듣고 이해하며 공감하는 능력입니다. 공감은 내가 아닌, 상대방을 향해 있습니다. 그러나 나르시시스트의 관심은 타인에게 있지 않습니다. 그의 관심사는 오직 자기 자신뿐입니다. 공감하는 척은 할 수 있지만, 진심이 담긴 진정한 공감은 아닙니다. 그들이 타인에게 관심을 가질 때는 자신의 우월성을 드러낼 수 있을 때뿐입니다. 그들은 타인의 고통에 무심하며 오롯이 자신에게 집중되는 일이 중요합니다. 또한, 자신에게 도움이 되지 않거나 관심 없는 대화에는 무심한 표정을 짓고, 하품을 하며 지루함을 표현합니다. 그리고 다시 대화의 주도권을 가지고 자신의 우월성을 과시하려는 시도를 합니다.

두 번째, 나르시시스트는 '수치심'의 감정을 주로 느낍니다. 정신분석학에서는 수치심을 '거부당하고, 조롱당하며, 다른 사람으로부터 존중받지 못한다는 고통스러운 정서'로 설명합니다. 이는 부끄러움과 창피함이라는 감정과 달리 자신의 존재에 느끼는 부정적인 감정입니다. '상대방이 나를 어떻게 보고 있는가?', '나의 행동을 누군가 알면 어떻게 생각할까?' 등 자신에 대한 부정적인 시선을 가지고 있습니다. 이런 감정이 드는 순간 나르시시스트는 견디기 힘들어 도망치고 싶은 충동을 강하게 느끼며 투사와 공격적 행동을 보입니다.

이 모습은 상대방에게 조언을 들을 때 두드러지게 나타납니다. 연인이 관계 개선을 원하거나, 업무에서 피드백을 받을 때, 친구 사이에 조언을 들을 때 나르시시스트는 수치심을 느끼고 분노합니다. 행동에 대한 메시지가 아닌, 자신의 본질이 부정당한다고 생각합니다. 이들은 수치심을 떠넘길 수만 있다면, 자신의 빈 우월감을 유지하기 위해 상대방을 경멸하거나 시기하며, 근거 없이 상대가 자신을 질투한다고 주장하기도 합니다. 이러한 모습은 나약한 자존감의 반증입니다. 건강한 자기애를 가진 사람이라면 수치감을 타인에게 넘기지 않습니다. 자신의 감정을 인식하고 책임질 줄 알며, 자신과 상대의 마음을 존중합니다.

마지막으로, 나르시시스트는 적절한 거리를 무시하고 타인의 경계, 즉 '바운더리를 침범'하며 영향을 미칩니다. 이는 자신의 우월성과 특권 의식에서 비롯됩니다. 자신의 우월성에 대한 믿음으로 나르시시스트는 타인을 존중하거나 경계를 지켜야 할 필요성을 느끼지 못하고, 자신이 항상 옳고 특별하다고 생각합니다.

나르시시스트의 사악한 내면에 흔들리고, 그들의 말을 믿으며 살아갈 만큼 우리 삶은 길지 않습니다. 유한한 삶에서 우리는 우리의 존재를 소중하게 여기는 사람을 만나고, 그들과 연대해야 합니다. 우리의 소중한 시간에 당신을 정서적으로 흔드는 사람과의 만남을 멈춰야 합니다. 악한 내면을 지닌 사람의 말을 당신의 것이라고 생각하고 집어 들지 않길 바랍니다. 그건 그 사람의 수치심이자 열등감입니다. 당신의 내면은 유약하지 않습니다. 당신의 내면을 스스로가 보살피고 지켜 주길 바랍니다.

관/계/회/복/노/트

동화 속 나르시시스트의 특징을 살펴보고, 일상에 있는 나르시시스트를 떠올려서 작성해 보세요.

❶ 동화 속 나르시시스트 중에서 당신이 경험한 나르시시스트가 있나요?

〈백설공주〉의 왕비: 인정 욕구, 질투심, 공격성
〈라푼젤〉의 고델: 통제, 착취, 죄책감 주입, 가스라이팅
〈미녀와 야수〉의 가스통: 집착, 공감 능력 결여, 위협, 공격성

❷ 일상의 나르시시스트는 누구이고, 어떤 상황에서 그가 나르시시스트라는 것을 느꼈나요?

___

❸ 그 사람에게는 어떤 특징이 있나요?

___

❹ 나는 그 사람과 어떤 관계인가요?

___

나르시시스트의
그림자 던지기 '투사'

 혼자 남는 것이 얼마나 고통스럽고 괴로운 일인지 잘 아는 사람은 그 곁을 떠날 수 없습니다. 어쩌면 '상대를 위한다.'라는 말 이면에는 혼자 남겨질 자신의 모습을 견디기 어려워하는 마음이 숨어 있을지도 모릅니다. 그러나 혼자일 때 느끼는 외로움보다 함께일 때 더 깊은 외로움을 경험하는 관계가 있습니다. '내가 더 잘 보살피면 상대도 나를 이해해 주는 날이 올 거야.'라는 착각 속에서 관계를 이어가기도 합니다. 또한, 자신마저 떠나면 상대가 홀로 남을 것이라는 안쓰러운 마음 때문에 떠나지 못하기도 합니다.
 마음을 정리하고 떠나려는 순간 상대방은 말합니다. "이렇게 태어난 걸 어떡하라고. 네가 날 더 이해해 주면 안 되는 거야? 내가 믿을 사람은 너밖에 없어." 이 말을 들은 당신은 상대를 다시 한번 믿지만, 그 믿음은 얼마 가지 못해 결국 물거품이 되고, 관계의 악순환은 반복됩니다.

이처럼 반복되는 악순환 속에서도 대부분의 사람들은 믿었던 대상이 자신을 해칠 것이라고 생각하지 못합니다. 그래서 문제가 생기면 '내가 그 순간 한 번 더 참았더라면', '내가 조금만 더 잘했더라면' 같은 말로 자신에게서 원인을 찾습니다. 이를 심리학에서는 인지적 왜곡 중 하나인 '개인화'라고 합니다. 개인화는 전혀 근거가 없거나 혹은 거의 없는 상황에서 외부 사건과 자신을 연관시키는 것입니다. '개인화'로 부정적인 사건에 대해 과도하게 책임을 지거나 비판을 감수하다 보면 어느새 자존감은 낮아집니다.

그 감정은 내 감정이 아니야

약속 시간에 늦은 박투사 씨가 친구 김당황 씨에게 "뭐 화난 거 있어?"라고 묻습니다. 김당황 씨는 화가 나지 않았을 뿐만 아니라, 오히려 박투사 씨의 반응에 '내가 뭐 잘못한 거 있나?' 하는 생각이 들어 당황스럽습니다. 당황한 표정으로 화가 나지 않았다고 말해도 박투사 씨는 친구의 표정을 보면서 자신한테 화가 난 게 있는지 거듭 묻습니다. 김당황 씨는 점점 언짢아지기 시작해 "화나지 않았어."라고 거칠게 표현합니다. 그러자 박투사 씨는 그 순간을 놓치지 않고 "화난 거 맞네. 조금 늦은 걸로 왜 꿍하고 그래?"라고 말합니다. 드디어 박투사 씨의 전략이 김당황 씨의 반응을 유도해 낸 것입니다.

박투사 씨의 사례는 과장된 것일까요? 그렇지 않습니다. 나르시시스트가 자주 사용하는 대표적인 방어 기제 중 하나가 바로 '투사'입니다. 방어 기제란 불안과 같은 받아들이기 어려운 감정으로부터 심리적 고통을 줄이기 위해 사용하는 심리적 전략입니다. 자신을 보호하는 심리 기제이며, 대부분은 무의식에서 사용합니다.

하버드 대학교 정신과 교수 조지 E. 베일런트 George Eman Vaillant는 방어 기제를 4개로 분류하고 '투사'를 미성숙한 방어 기제로 보았습니다. 투사는 자신의 부정적인 감정이나 생각을 부인하고, 그것을 상대에게 떠넘기는 방식입니다. 이 과정에서 상대방의 감정에 실제로 영향을 주어 그런 감정을 느끼도록 만드는 경우가 있는데, 이를 '투사적 동일시'라고 합니다. 투사적 동일시는 투사된 감정이나 생각을 상대방이 경험하도록 유도하는 심리적 과정입니다. 위의 사례에서 박투사 씨는 '투사'를 사용하고, 친구 김당황 씨는 '투사적 동일시'에 빠진 것입니다.

나르시시스트는 투사를 능숙하게 사용합니다. 이들의 투사는 교묘하게 일어나기 때문에 즉각 알아차리기가 어렵습니다. 박투사 씨와 김당황 씨의 상황을 다시 살펴보면, 약속에 늦은 박투사 씨가 먼저 해야 할 일은 사과 또는 늦은 상황에 대한 설명입니다. 그러나 "뭐 화난 거 있어?"라는 질문으로 책임을 전가하며 김당황 씨가 오히려 박투사 씨에게 미안한 감정을 느끼는 역전된 상황이 펼쳐집니다.

투사는 그들의 불안정한 자아를 보호하고 취약한 자존감을 유지하는 역할을 합니다. 반복적인 투사는 상대를 혼란스럽게 만들고, 결과적으로 상대를 조종하고, 통제해 상대방과의 관계에서 우위를 차지하도록 만듭니다.

나르시시스트는 직장에서도 유사한 방식으로 투사를 사용합니다. 나르시시스트는 회사에서 능력이 뛰어난 동료가 자신에게 말을 걸지 않으면 그 이유를 동료가 자신의 능력을 시기하기 때문이라고 말합니다. 사실은 상대방에 대한 질투와 시기하는 마음을 투사하고 있는 것일 뿐입니다. 나르시시스트는 자신의 감정을 상대방에게 의도적으로 떠넘기거나 상대방의 감정을 혼동하는 것이 아닙니다. 진짜로 그렇다고 믿기 때문에 나르시시스트가 정말 위험한 것입니다. 이러한 뻔뻔함이 우리를 혼란에 빠지게 합니다.

나르시시스트를 경험한 사람들은 그와 만나고 헤어진 다음 '은근히 기분 나쁜 감정'을 느끼기도 합니다. 특히, 감정의 촉이 발달한 민감한 사람일수록 불쾌함을 더 잘 느낍니다. 나르시시스트를 경험한 사람들은 자신의 예민함을 탓하며 관계를 지속합니다. 만약, 어떤 사람과의 관계에서 만나고 헤어질 때 이유 모를 불쾌함과 찜찜함이 반복된다면 자신의 감정을 들여다볼 필요가 있습니다. 나의 감정을 의심하고 스스로를 예민하다고 단정 짓기 전에 당시의 상황을 객관적으로 기록해 보는 것이 도움이 됩니다. '은근히'의 감정 신호를 기억하길 바랍니다.

관/계/회/복/노/트

나르시시스트는 방어 기제로 '투사'를 사용합니다. 그들에게 '은근히 기분이 상했던 순간'을 떠올리고, 그 신호에 대해 작성해 보세요.

❶ '은근히 기분 나쁜 감정'을 경험한 적이 있나요? 만약 있다면 대상은 누구였으며 어떤 상황이었나요?

_____

❷ 그 당시 '나'는 어떤 말이나 행동을 했나요?

_____

❸ 당시 상황으로 돌아간다면, 어떤 말과 행동을 하고 싶나요? 자신에게 도움이 되는 행동을 떠올려 보세요.

_____

❹ 앞으로 비슷한 감정(은근히 기분 나쁨)을 느낀다면 어떤 말과 행동으로 반응할 수 있을까요?

_____

❺ 만약 '내가 예민한 걸까?'라고 생각한 적이 있다면, 그 생각이 객관적이었는지 떠올려 보고 기록해 보세요.

_____

나르시시스트가 심은
'가스라이팅'의 씨앗

요즘 주변에서 심심치 않게 들리는 말 중 하나가 '가스라이팅 하지 마!'입니다. 이 용어가 대중에게 알려져 마음 한편으로는 다행이라는 생각이 듭니다. 이 용어가 알려지기 전에는 문제 되는 상황과 마주하더라도 '내 기억력에 문제가 있나?', '내가 잘못 느끼고 있나?' 하는 자기 의심에 빠질 위험이 있었습니다. 그러나 이 개념이 널리 퍼지면서 혼란스러움을 객관적으로 확인할 수 있는 계기가 마련되었습니다.

가스라이팅은 영화 〈가스등Gaslight〉의 제목을 인용한 표현으로, 미국의 정신 분석가이자 심리 치료사인 로빈 스턴Robin Stern에 의해 정립되고 대중화되었습니다. 아내의 재산을 노리고 결혼한 남자는 집 안의 가스등 불빛을 어둡게 만들어 놓습니다. 아내가 이를 이상하게 여기고 "집 안이 어두워졌네요."라고 말할 때마다 그는 "그렇지 않아. 당신이 잘못 보고 있는 거야."라며 그녀의 판단력을 부정합니다. 이런 상황이 반복되자 아내는 자신의 정신이 온전하지 못하다는 생각에 빠집니다. '가스라이팅'은 현실을 왜곡하는 심리적 조작을 통해 상대를 혼란스럽게 하고 정신적으로 피폐하게 만듭니다.

가스라이팅은 가스라이터가 상대의 감정과 사고를 교묘하게 조작해 상대로 하여금 자신의 생각이나 감정이 잘못되었다고 느끼게 만듭니다. 이러한 과정이 반복되면 끝내 상대는 현실 감각과 정신 상태까지 의심하게 됩니다. 가스라이터는 상대의 감정을 이용해 행동을 시작하며 인정과 사랑을 받고 싶은 마음 등을 조종의 도구로 삼습니다. 상대는 점점 가스라이터의 말과 행동에 휘둘리고, 자신의 판단보다 가스라이터의 판단을 믿게 됩니다. 가스라이팅은 인식하지 못하는 사이에 서서히 일어나며 결국 상대는 가스라이터에게 삶을 지배당하게 됩니다.

로빈 스턴 교수는 저서 『그것은 사랑이 아니다』*에서 가스라이팅의 3단계를 설명하며 이 단계가 순차적으로 진행되거나 특정 단계에만 머물 수 있다고 말합니다.

---

* 로빈 스턴, 신준영 옮김, 『그것은 사랑이 아니다』, 알에이치코리아(RHK), 2018

1단계는 '불신'의 단계로 상대방이 가스라이터의 말을 의심하기 시작하면서 혼란과 좌절, 불안을 느끼는 단계입니다.

2단계는 '자신을 방어할 필요성'을 느끼는 단계입니다. 이 단계에서는 상대방이 잘못했다는 증거를 찾고, 상대방이 잘못했다는 것을 인정하게 하기 위해 말다툼이 일어납니다. 이러한 갈등은 간혹 자신의 생각 속에서 논쟁을 벌이듯 전개되기도 합니다.

3단계는 '억압'의 단계로 가스라이터의 말과 행동이 옳다는 것을 입증하려는 단계입니다. 가해자가 원하는 방식으로 행동하게 되며, 이를 통해 좋은 관계를 유지하려고 합니다. 이때 상대방은 가스라이터에게 조종된 상태로 무력감을 경험합니다.

어떤 단계에 있든 가스라이팅을 반복적으로 경험하는 사람은 자신의 감정과 생각에 혼란을 느낍니다. '내 생각과 행동이 정말 잘못된 걸까?', '내가 정말 그런 사람인가?'라는 질문을 스스로에게 끊임없이 던지며, 자아를 회복하려고 하지만, 가스라이팅에 노출될수록 자기 확신은 약해지며 자아상은 점점 흐려집니다. 이런 상황에서 벗어나기 위해 투쟁하거나 도망치는 행동도 합니다. 가스라이터를 설득하기 위해 증거를 모으거나, 그의 말을 회피하면서 상황을 피하려는 노력을 합니다. 하지만 가스라이터에게 증거를 보여 줘도 그는 실소를 띤 표정으로 대수롭지 않게 반응합니다. 그런 태도에 당신은 또 한 번 절망하고, 관계에 대한 희망마저 사라집니다.

그들이 만든 가짜 현실에 속지 말아야 합니다

"주변을 둘러보니 남은 사람은 남자 친구밖에 없어요." 나르시시스트 유경험자의 말입니다. 나르시시스트는 상대를 자신에게 온전히 의존하게 만들고 자신을 떠날 수 없게 만듭니다.

김존재 씨는 5년째 연애 중입니다. 처음에는 상대방의 자상함에 끌려 연애를 시작했지만, 시간이 흐르면서 점점 외로움을 느끼게 되었습니다. 회사에서 힘든 일을 털어놓으면 남자 친구는 이렇게 말합니다. "내가 널 좋아해서 네 성격 받아주는 거야. 직장 동료들은 네가 예민하게 반응해서 더 힘들어할 거야."

이 말을 들은 김존재 씨는 속상했지만, 어린 시절부터 예민하다는 말을 종종 들어온 터라 반박하지 않았습니다. 설사 반박하더라도 남자 친구는 "난 너를 위해서 하는 말인데, 또 예민하게 받아들이네. 무슨 말을 못 하겠어."라고 대꾸할 것이 뻔했습니다. 그런 말조차 자신을 좋아해서 하는 것처럼 들렸기에 진심으로 느껴졌습니다.

남자 친구와의 여행에서 돌아오는 길, 차가 막히자 김존재 씨의 남자 친구는 "너 때문에 길이 막힌 거잖아. 내가 빨리 출발하자고 했잖아!"라며 화를 냈습니다. 하지만 함께 점심을 먹은 식당에서 동의하에 오래 머물렀기 때문에 늦어진 것이지 김존재 씨의 탓이 아니었습니다. 김존재 씨는 이 상황을 다시 설명해야 하는 것이 답답했습니다. 남자 친구는 자신의 주장만 되풀이하거나 침묵으로 일관하며 불편한 상황이 생길 때마다 "너 때문에 이렇게 된 거야."라고 말하며 책임을 전가했습니다.

김존재 씨는 혼자 머릿속으로 논쟁을 벌이기도 하지만, 문제를 더 키우고 싶지 않아 그의 말에 더 이상 반응하지 않았습니다. 이러한 상황이 반복되자 외로움과 무력감이 점점 더 커졌습니다.

김존재 씨는 남자 친구의 반응이 일반적이지는 않지만, 겉으로 친절하게 행동했기 때문에 그가 자신을 정서적으로 조종하는 가스라이팅을 하고 있다는 사실을 인지하지 못했습니다.

가스라이팅의 특징 중 하나는 상대방의 감정을 축소하고 왜곡해 자신을 의심하게 만드는 것입니다. 가스라이터(남자 친구)는 "내가 널 좋아해서 네 성격을 받아주는 거야. 직장 동료들은 네가 예민하게 반응해서 더 힘들어할 거야."와 같은 말을 통해 겉으로는 애정을 표현하는 듯하면서도 실제로는 상대(여자 친구)를 비난합니다. 이에 여자 친구는 상대가 나를 사랑하는 건지, 내가 정말 예민한 건지 혼란에 빠집니다. 이런 말에 반박하더라도, 나르시시스트는 상대방의 감정을 이해하려 하기보다 귀찮게 여기고 상황을 회피합니다.

두 번째 특징은 책임을 전가하거나 상대방을 비난하는 표현을 사용하는 것입니다. "너 때문에 길이 막힌 거잖아. 내가 빨리 출발하자고 했잖아!"라고 표현하며 자신의 행동에는 문제가 없고, 상대방의 행동에만 문제가 있다는 식으로 비난합니다.

세 번째 특징은 상대방의 기억과 판단을 부정하는 것입니다. "나는 그런 말을 한 적이 없어. 네가 착각하는 거야."와 같은 말을 반복해 상대방을 혼란스럽게 만듭니다. 이 과정에서 상대방은 자신의 기억이 맞는지 확인하기 위해 녹음하고 싶은 충동을 느끼기도 합니다. 또는, 차 안에서 대화한 블랙박스를 보여 주고 싶기도 합니다. 만약 누군가와의 대화 속에서 증거를 찾아야겠다는 생각이 계속 든다면, 가스라이팅을 의심해 볼 필요가 있습니다.

마지막으로 가스라이팅은 상대방을 의존하게 만들어 고립시키는 방식으로 이루어집니다. "네가 나 없이 할 수 있을 것 같아?", "나니까 네 곁에 있는 거야.", "내가 널 이해할 수 있는 유일한 사람이야."와 같은 말을 통해 주변 사람들과 멀어지게 합니다. 이는 상대방이 가스라이터에게 더욱 의존하도록 유도하는 의도적인 조작입니다.

가스라이팅은 반복적인 말과 행동을 통해 상대방의 현실 인식과 자존감을 서서히 약화시킵니다. 일 년에 한 번 정도 만나는 대상의 말로 가스라이팅되기보다는 매일 보거나 자주 만나는 대상, 직장 동료, 가족, 애인, 친구 등에게서 일어납니다.

드라마 〈더 글로리〉에서 학창 시절 학교 폭력으로 고통받았던 문동은은 초등학교 선생님이 됩니다. 그가 복수를 알리기 위해 가해자 박연진을 찾아가 대면하는 장면에서 박연진은 문동은을 향해 "너 내 덕분에 선생 된 거잖아. 너 그대로 있었으면 이렇게까지 못 왔다."라는 말로 가스라이팅을 시도합니다. 분노를 일으키는 말이지만 이런 말을 매일 들으면 혼란스러운 감정에서 객관성을 잃고 가스라이터에게 서서히 조종당하게 됩니다.

그들은 당신을 위한다고 말하지만 당신의 내면에 왜곡된 씨앗을 심고, 반복적인 말로 물을 주면서 그 씨앗을 키우고 있는 것입니다. 그리고 당신을 조종하기에 이릅니다. 처음에는 흘려들었던 말조차도 '정말 그런가?'라고 생각하게 됩니다. 나르시시스트의 가스라이팅을 겪다 보면, 자신의 의견을 말하는 것이 힘들어지고 상대방의 눈치를 보는 자신을 발견하게 됩니다.

만일 당신이 누군가와의 관계에서 증거를 모으고 싶고, 그 사람의 눈치를 보는 등 어떤 신호가 온다면 그 신호를 놓치지 말아야 합니다. 이러한 징후를 느꼈다면 상대방과 거리를 두길 바랍니다. 관계 속에 있을 때는 상대방의 문제점을 인식하기 어렵습니다. 짧은 시간이 아닌, 충분한 시간 동안 거리를 두며 스스로를 돌아본다면, 상대방이 나를 조종하고 있다는 것을 알 수 있습니다. 또한 자신의 상황을 글로 작성해 보고, 이런 상황에 놓인 친구에게 조언을 하는 입장이 된다면 어떻게 말해 줄 것인지 고민해 보는 방법도 도움이 됩니다. 제3자의 눈으로 바라볼 때에만 객관성을 유지할 수 있습니다. 이러한 과정을 통해 내면에 생긴 상처를 점차 깨닫게 될 것입니다. 자신에게 왜곡의 씨앗이 심어졌다면, 그 씨앗에 더 이상 물을 주지 말고, 제거할 방법을 찾아야 합니다.

관/계/회/복/노/트

가스라이터의 화살을 피하는 '상황 일기'를 작성하고 자신의 생각과 감정을 객관적으로 정리해 보세요.

❶ 당신이 겪은 상황을 구체적으로 적어 주세요.

> 예시
>
> 업무 실수로 팀장님에게 피드백을 받은 뒤 속상한 마음을 남자 친구에게 털어놓았다.

❷ 당시 당신이 들었던 말은 무엇인가요? 상대방이 당신에게 한 말을 그대로 적어 주세요.

> 예시
>
> "내가 널 좋아해서 네 성격을 받아주는 거야. 직장 동료들은 네가 예민하게 반응해서 더 힘들지 않을까?"

❸ 상대가 한 말이 사실임을 뒷받침할 만한 증거나 근거가 있나요?

> 예시
>
> 없음

④ 상대가 한 말이 사실이 아니라는 증거가 있나요? 상대방의 말이 사실이 아님을 보여 주는 증거나 근거를 적어 보세요.

> **예시**
> 팀장님의 피드백을 바로 인정하고 개선하려고 노력했다. 동료들과의 관계에서 문제를 일으킨 적은 없다. 남자 친구에게는 단지 속상한 마음을 나누고 싶어서 이야기한 것이었다.

---

⑤ 상대방의 말에서 느낀 감정과 생각은 무엇인가요? 상대방의 말을 들었을 때 느낀 감정과 떠오른 생각을 솔직하게 적어 보세요.

> **예시**
> 내가 잘못된 사람이라는 느낌, 내가 예민하고 부족한 사람이라는 생각, 위축되고 초라해짐

---

⑥ 당신은 앞으로 상대와 어떤 관계로 지내고 싶나요? 이 관계에서 당신이 바라는 모습이나 원하는 관계의 방향을 적어 보세요.

> **예시**
> 내 이야기를 비난 없이 들어주는 관계, 힘든 상황에서 서로에게 힘이 되어 주는 관계

⑦ 상대방은 당신이 원하는 관계의 방향을 이해하고 함께해 줄 수 있는 존재인가요? 아니라면 이유는 무엇인가요?

> 예시
>
> 아닙니다. 남자 친구는 나의 감정이나 생각을 존중하기보다 자신의 입장만 고집하거나, 제 이야기를 비난과 책임 전가로 돌리기 때문입니다.

⑧ 앞으로 스스로 대처할 수 있는 방법은 무엇인가요? 비슷한 상황이 반복된다면, 자신을 보호하기 위해 어떤 대처를 할 수 있을지 적어 보세요.

> 예시
>
> 내 감정을 먼저 인정하고, 상대방의 말이 사실인지 스스로 점검할 것이다. 상대방의 비난에 휘둘리지 않고, 나 자신을 지지할 것이다. 관계를 정리할 수 있도록 준비하겠다.

2장

인간관계
속
나르시시스트

롤러코스터 뒤에 숨은
위험한 관계술

가수 리쌍의 노래 〈헤어지지 못하는 여자, 떠나가지 못하는 남자〉에는 '사랑하지 않는 우리는 헤어지지도, 떠나가지도 못한다.'라는 내용이 담겨 있습니다. 헤어져야 한다는 것을 알면서도 그 자리에 머무르고, 떠나야 한다는 것을 알면서도 떠나지 못하는 상황을 묘사합니다. 이 노래를 일반적인 연애 관계가 아닌, '나르시시스트와의 관계'로 살펴보면 나르시시스트가 가진 강력한 후버링Hoovering이 떠오릅니다. 후버링은 상대방을 다시 끌어당기려는 나르시시스트의 행동입니다. 나르시시스트를 경험한 사람들은 끊임없이 혼란과 죄책감을 느끼며 결국, 자신을 원망하기 시작합니다. "잘못된 것을 알면서도 떠나지 못하는 나는 정말 이 사람을 사랑하는 걸까?"

라는 질문에 스스로 답하려 노력하며 온갖 이유를 만들어 내지만, 사실 이것조차도 나르시시스트의 '심리적 조종 수단'입니다.

관계에서 미련이 남는다면 자신에게 솔직하게 질문하고 답해야 합니다. 이것이 진짜 우정이고, 사랑이며 연민인지, 아니면 나도 모르는 사이에 나르시시스트의 울타리 안에 갇힌 것인지. 나르시시스트가 친 보이지 않는 울타리에 갇혀 빠져나오지 못하고 있을 뿐인데 이것을 지독한 사랑, 우정이라고 착각하는 건 아닌지에 대해서 말입니다.

달콤한 환상 속 숨겨진 진실 '러브 바밍'

소개팅에서 만난 한거만 씨(남자)와 김고민 씨(여자). 첫 만남에서 한거만 씨는 김고민 씨의 외모와 성격에 대해 과도한 칭찬을 쏟아 냈습니다. "정말 제 이상형이에요. 이렇게 멋지고 다정한 분은 처음이에요!"라며 눈부신 미소와 함께 김고민 씨에게 깊은 관심을 표현했습니다. 김고민 씨는 갑작스러운 칭찬에 조금 부담을 느꼈지만, 한거만 씨의 자신감 있고 당당한 태도에 마음을 열기 시작했습니다. 이후 며칠 동안 한거만 씨는 잦은 연락으로 김고민 씨를 특별하게 느끼게 만들었고, 고가의 선물과 정성스러운 이벤트까지 준비했습니다. 주변 친구들은 김고민 씨를 부러워했고, 김고민 씨도 한거만 씨의 과도한 사랑이 부담스러우면서도 행복을 느꼈습니다. 시간이 지나면서 관계가 발전될 것이라고 여긴 김고민 씨의 예상과 다르게 한거만 씨의 연락은 뜸해졌습니다. 김고민 씨는 "내가 잘못한 게 있나? 얼마 전에 한거만 씨를 만나지 않고 다른 친구와 약속을 잡아서 실망한 걸까?" 하는 생각에 혼란스러워졌습니다.

사람마다 속도의 차이는 있지만, 모든 관계는 서로 알아가는 단계의 과정을 거칩니다. 그러나 나르시시스트는 상대방을 쟁취해야 하는 대상으로 바라보고, 관계 초반에 과도하게 애정 공세를 퍼붓기 시작하는데, 이를 '러브 바밍Love Bombing'이라고 부릅니다. 한거만 씨가 김고민 씨와의 첫 만남에서 건넨 말과 행동처럼 상대를 이상화Idealization하는 것이 특징입니다. 러브 바밍은 상대를 실제보다 더 완벽하게 이상화하여 바라보는 심리적 과정인 이상화로 시작합니다.

나르시시스트는 자신처럼 괜찮은 사람은 자신보다 더 괜찮은 사람을 만나야 한다는 생각으로 상대를 쟁취의 대상으로 여기고 초반부터 애정 공세를 퍼붓습니다. 상대가 좋아할 말과 행동뿐만 아니라, 근사한 레스토랑을 예약하고 멋진 선물로 상대방의 환심을 삽니다. 애정 공세는 상대방의 마음을 끌어올리지만 문제는 나르시시스트에게는 이 마음이 오래가지 못한다는 것입니다. 새로운 자극을 추구하는 나르시시스트는 상대방에 대한 흥미를 쉽게 잃기 마련입니다. 그리고 곧 상대방을 '평가 절하'하기 시작합니다. 상대방의 말과 행동, 외모의 가치를 떨어뜨리면서 상대방의 자존감을 무너뜨립니다. 상대방은 혼란스럽지만, 그동안 자신에게 잘해 준 상대가 그럴 리 없다고 생각하고 모든 문제를 자신의 탓으로 돌리기도 합니다. 만남 초기, 나르시시스트의 달콤한 환상 속 덫에 걸렸다면 이제 그가 건네는 가스라이팅과 투사의 덫에 걸린 것입니다. 나르시시스트가 자신을 떠나지 못하도록 그의 취향에 맞추고 행동하면서 자신을 잃어버리게 됩니다.

나르시시스트는 자신의 아픈 과거를 상대방에게 털어놓으며 또 다른 형태로 러브 바밍을 시도합니다. '자신의 삶은 불우하고 힘들었으며, 당신이 정말 특별한 사람이기 때문에 이런 속마음을 말할 수 있다.'라고 표현합니다. 이들의 사연을 들으면 마음이 아픕니다. 그런데 이런 삶의 우여곡절을 처음 만난 사람에게 또는 관계가 깊지 않은 사람에게 말할 수 있을까요? 그렇지 않습니다.

몇 해 전 수퍼바이저 교수님이 하신 말씀이 떠오릅니다. "내담자가 상담자에게 첫 회기부터 자신의 아픈 과거를 이야기하는 것은 상담자의 도움이 절실해서일 수도 있다. 하지만 다른 각도로 생각해 보면, 그 사연을 잘 정돈해서 상담사에게 말한다는 것은 상담자에게 처음 이야기하는 것이 아닐 수도 있다는 점이다. 그 사연에 상담사와 내담자를 특별하게 엮으면 안 된다."라는 조언이었습니다. 물론 상담실에서 이러한 이야기를 주고받는 것은 내담자(상담을 받는 사람)의 주호소 문제를 발견하는 데 도움이 됩니다. 그런데 상담처럼 특수한 맥락이 아닌 일상적인 상황, 특히 관계가 깊지 않은 상황에서 누군가 이런 이야기를 꺼낸다면, 상대와의 관계 및 자신의 감정을 다시 살펴볼 필요가 있습니다. 그 이야기를 들었을 때 불편함을 느꼈다면 그 사람은 당신의 정서적인 바운더리를 침범한 것입니다. 그렇다면 상대는 왜 자신의 아픈 과거를 이야기한 것일까요? 나르시시스트는 자신의 고통스러운 과거 경험이나 상황을 설명하면서 스스로를 돌봄 받아야 하는 연약한 대상으로 특정합니다. 이는 내현적 나르시시스트의 러브 바밍으로 이 과정을 통해 나르시시스트는 상대방과 빠른 결속력, 유대감을 만듭니다.

애정 공세를 퍼붓고 상대를 '이상화'하지만 이후 '평가 절하'하기 시작할 때 상대방은 왜 떠나지 못하는 것일까요? 단순히 미안하거나 죄책감을 느끼기 때문일까요? 그들은 당신이 힘들어하는 순간에 죽지 않을 만큼의 빵 부스러기를 줍니다.

희망 고문 '브레드크럼빙'과 거짓 약속 '퓨처 페이킹'

믿고 싶었지만 믿지 못하는 대상의 말과 행동에 왜 흔들릴까요? 정서적으로 혼란스러울 때 나르시시스트의 말은 희망이 될 수 있습니다. 나르시시스트는 상대방이 자신을 떠나려고 하면, 그 사람을 붙잡기 위해 '희망 고문'하듯 작은 빵 부스러기를 건넵니다. 이를

'브레드크럼빙Breadcrumbing'이라고 합니다. 동화 〈헨젤과 그레텔〉에서 헨젤이 집으로 돌아가기 위해 뿌린 빵 부스러기에서 유래한 말입니다. 물론 이 빵을 새들이 먹어 헨젤과 그레텔은 집으로 갈 수 없게 됩니다. 나르시시스트의 빵 부스러기도 헛된 희망이라고 볼 수 있습니다.

브레드크럼빙은 어떤 관계에서 소원해지거나 연인 관계에서 권태로움을 느낄 때 또는 갈등 상황에서 상대방의 환심을 사기 위한 방법과는 다릅니다. 브레드크럼빙은 관계를 발전시키기 위한 것이 아닙니다. 당신에게 관심이 있는 척하지만, 진심이 없고 책임 없이 관계를 유지하기 위한 심리적 조작입니다. 상대방이 정서적으로 지쳤을 때 나르시시스트는 거짓된 말로 상대방을 어장 안에 가두려고 힙니다. "이번에 정말 변할 거야. 앞으로 더 잘할게.", "우리 오랜만에 대화하니까 정말 좋다." 같은 말을 합니다. 그 말에 낭신은 심리저인 혼란을 느끼고 자신의 생각을 의심하기 시작합니다.

또 나르시시스트는 상대방에게 미래에 대한 환상을 심어 줍니다. 이를 '퓨처 페이킹Future Faking'이라고 합니다. "난 당신과의 미래를 그리고 있어.", "내가 널 행복하게 만들어 줄 거야." 등의 말로 거짓된 환상을 심어 주며 상대방을 흔들기 시작합니다. 브레드크럼빙과 퓨처 페이킹을 경험하면 힘들었던 마음에 새로운 희망이 비집고 들어옵니다. 그동안 함께했던 시간과 추억이 떠오릅니다. 힘들고 지칠 때 물 한 모금과 밥 한 수저가 중요하듯 나르시시스트는 당신이 죽지 않을 만큼 빵 부스러기를 건넵니다. 브레드크럼빙을 먹은 사람은 다시금 나르시시스트를 믿고 따라가게 됩니다. 그리고 나르시시스트는 자신을 다시 믿고 따르는 상대방에게 미래의 거짓된 정보를 심어 주기 시작합니다. 최소한의 관계를 유지하기 위한 거짓된 말에 현혹되지 않아야 합니다. 당신이 관계를 끊어 내기로 했던 이유를 생각해서 그 사람이 변할 사람인지, 내가 원하는 안정된 삶을 함께 추구할 수 있는 사람인지 먼저 판단해야 합니다. 그래야 나르시시스트의 감언이설 속에서 중심을 잡을 수 있습니다.

떠난 관계를 다시 빨아들이는 기술 '후버링'

관계가 정리되었다고 믿는 순간, 어쩌면 당신은 나르시시스트인 가족 곁에, 연인 곁에, 친구 곁에 있는 자신을 발견할 수도 있습니다. 상대방을 다시 끌어당기는 나르시시스트의 '후버링Hoovering'에 걸려든 것입니다. 후버링은 '청소기'라는 뜻의 후버Hoover에서 유래한 용어로 상대방이 관계를 끊으려고 시도하거나, 상대방과 헤어진 이후에 상대를 다시 자신의 관계망으로 끌어들이기 위해 나르시시스트가 사용하는 방법입니다.

 나르시시스트는 상대가 자신을 떠나는 것을 결코 용납하지 못합니다. 그들은 상대방이 언제나 자신의 통제 아래 있어야 하며, 자신에게 칭찬하고 인정하며 찬사를 보내는 공급원이 되어야 한다고 여깁니다. 특히, 나르시시스트는 자신과 함께하지 않는 상대방이 행복해하는 모습을 받아들이지 못합니다. 이러한 이유로 나르시시스트의 '후버링'은 다양한 방식으로 나타납니다.

우선, 나르시시스트는 당신의 감정을 자극하려 합니다. 과거의 좋은 추억(장소, 음악 등)을 떠오르게 하는 글을 SNS에 올리거나 프로필을 변경하기도 합니다. 또한 "당신 없이 사는 게 힘들다." 같은 내용의 메시지를 보내거나 "당신이 나의 마지막 사랑"이라며 여전히 사랑한다고 말할 수도 있습니다.

두 번째로 나르시시스트는 당신에게 부정적인 감정과 죄책감을 심어 주기 위해 거짓말을 하거나 극단적인 행동을 할 수 있습니다. "당신 때문에 내가 이렇게 힘들다."라며 부정적인 감정을 자극하거나, 극단적으로는 집 앞에서 자살 소동을 벌이고 지혜 사진을 보내기도 합니다. 때로는 가족이 아프다고 거짓말하며 동정심을 유발하기도 합니다.

세 번째로 나르시시스트는 미래에 변하겠다는 긍정적인 약속을 하며 당신의 마음을 돌리려 합니다. 무릎을 꿇으며 다짐하거나 좋은 모습으로 변하겠다는 달콤한 거짓말을 하기도 합니다. 잠시 동안 변한 모습을 보일 수 있지만, 이는 일시적일 뿐입니다. 나르시시스트는 변화하는 자신을 어필하기 위해 심리 상담을 받을 수도 있습니다. 나르시시스트는 상담실 안에서도 상대방과의 관계를 개선하기 위해서 상담을 받는다고 말합니다. 이 모습은 변화를 위한 시도가 아닌, 상대를 붙잡아 두려는 명분을 만들기 위함일 가능성이 큽니다. 관계를 끝내겠다고 결심한 이유를 잊지 말고, 흔들리지 않는 태도를 유지해야 합니다.

이 외에도 나르시시스트 부모를 두었다면, 막무가내로 방문하는 것을 주의해야 합니다. 당신을 위한 반찬을 준비했다고, 집에 잠깐 들르겠다면서 당신이 나르시시스트 부모를 피해 마련한 집의 주소를 물어볼 수도 있습니다. 또한 가족, 친척, 친구 등 주변 사람을 동원해 당신에게 접근하려는 시도를 할 수도 있습니다. 주변 사람들은 이런 상황을 이해하지 못해 당신을 회유하는 말을 하게 됩니다.

나르시시스트는 관계의 주도권을 되찾기 위해 여러 방법으로 후버링을 시도합니다. 만약 나르시시스트와의 관계를 정리하기로 결심했다면, 그 결심이 흔들리지 않도록 지키는 것이 중요합니다. 특히 악성 나르시시스트는 후버링 과정에서 분노를 억제하지 못해 폭력적인 행동을 보일 수도 있습니다. 이러한 상황을 맞닥뜨리면 혼자 해결하려 하지 말고, 주변에 도움을 요청하거나 경찰과 구급대의 보호를 받는 것이 필요합니다.

관/계/회/복/노/트

나르시시스트와의 만남이 반복되었다면, 이제 그 반복을 끊어 내야 할 때입니다. 그들이 사용했던 조종 방법을 작성하고, 그에 대한 나만의 대처 방안을 고민해 보세요.

❶ 러브 바밍의 사례를 작성해 주세요. 당신을 이상화하고 평가 절하했던 말과 행동은 무엇이었나요?

___

❷ 브레드크럼빙과 퓨처 페이킹의 말과 행동을 작성해 주세요. 당신이 관계를 정리하려고 할 때 상대방이 당신에게 작은 희망을 주거나 미래에 대한 약속을 했나요? 어떤 말과 행동이었나요?

___

❸ 앞서 작성한 말과 행동은 당신이 평상시에 듣고 싶었던 말이나 행동이었나요?

___

❹ 후버링의 방법은 무엇이었나요? 당신이 관계를 떠나지 못하게 했던 방법은 무엇인가요?

___

❺ 당신이 이 관계를 떠났다면 그 이유는 무엇인가요? 또는 떠나지 못했다면 그 이유는 무엇인가요?

___

❻ 나르시시스트가 또다시 접근한다면 어떤 방법으로 대처하는 것이 스스로를 지키는 방법일까요? 구체적인 행동으로 작성해 주세요.

___

원가족 내 나르시시스트
'부모편'

박가면 씨의 어머니는 "공부를 못하면 내 자식으로 인정할 수 없어.", "내가 왜 이렇게 힘들게 살아야 하니? 너만 아니었으면 난 행복했을 거야."라는 말로 박가면 씨를 혼란스럽게 했습니다. 박가면 씨의 학교 성적이 좋은 날에는 "너는 네 동생하고는 달라.", "넌 내 자랑이야.", "네가 잘해서 엄마가 이렇게 자랑스러운 거야."라고 칭찬했지만, 성적이 좋지 않은 날에는 가혹한 말을 서슴지 않았습니다. 박가면 씨는 어머니의 비난과 칭찬 사이에서 감정적으로 흔들렸고, 그런 순간마다 아버지가 중재해 주길 기대했습니다. 그러나 아버지는 "엄마가 힘들어서 그러니 네가 이해하렴." 같은 말을 남기며 상황을 방관하거나 자리를 피하곤 했습니다. 어머니는 박가면 씨에게 특정 학과에 진학해야만 제대로 된 사람 대우를 받을 수 있다고 강요했습니다. 하지만 고등학교 첫 모의고사 성적이 좋지 않자, 어머니는 박가면 씨를 '쓸모없는 사람'이라고 낙인찍고 비난하며 입에 담기 어려운 욕설과 폭언을 퍼부었습니다. 이전부터 폭언을 들었지만, 그날 들은 말은 박가면 씨에게 씻을 수 없는 상처로 남았습니다. 이후 박가면 씨는 학업을 제대로 따라가지 못할 정도로 심리적으로 무너졌고, 어머니는 그런 박가면 씨를 '집안의 수치'라고 표현했습니다. 반면, 동생은 항상 조용히 행동하며 자신의 필요를 요구하지 않았습니다. 어머니는 동생에게 "너는 참 조용해서 좋다.", "문제도 안 만들고 혼자서 다 알아서 하니 편하구나."라는 말을 하며 겉으로는 칭찬했지만, 실질적으로는 방치하며 '투명 인간'처럼 대했습니다. 동생은 가족 내 갈등과 주목에서 벗어나기 위해 더욱 고립된 상태로 지내며, 감정적으로 단절된 모습을 보였습니다.

나르시시스트의 원가족 내에는 각자의 역할이 존재합니다. 나르시시스트를 빛나게 할 트로피 같은 인물이 존재해야 하고, 인정과 칭찬을 제공할 공급원도 필요합니다. 결혼을 통해 나르시시스트는 주변 사람들을 자신의 영향력 아래에 두고 주변을 더욱 강력하게 통제할 수 있는 권력을 갖게 된 셈입니다.

박가면 씨의 사례는 '나르시시스트' 어머니, '에코이스트' 아버지, 그리고 '인비저블 차일드'로 성장한 동생이 있는 가족에서 생존

해 온 이야기입니다. 박가면 씨는 어머니의 기대를 충족할 때는 '골든 차일드'로 이상화되었지만, 기대에 미치지 못할 때는 '스케이프 고트'로 전락하며 극단적인 대우를 받습니다. 아버지는 어머니의 문제를 인식하지 못했던 것일까요? 이들의 역할을 이해하면 나르시시트에서 벗어나는 데 도움이 될 것입니다. 나르시시스트의 통제 아래 있었던 당신은 문제가 없습니다. 당신의 내면은 단단했기 때문에 그 안에서 버틸 수 있었습니다. 문제는 당신이 아닙니다.

이상화된 자녀 '골든 차일드'

골든 차일드Golden Child는 나르시시스트 부모에게 이상화된 자녀로 부모의 기대와 욕구를 충족시키는 역할을 맡습니다. 이들은 부모로부터 과도한 칭찬과 특혜를 받지만, 이러한 관계는 조건부 사랑에 기반하며, 자녀는 부모의 자존심을 높이는 도구이자 '트로피'로 여겨집니다. 골든 차일드는 나르시시스트 부모와 닮거나 부모의 욕망과 이상을 구현할 가능성이 있는 자녀로 선정됩니다.

박가면 씨의 사례처럼 골든 차일드는 나르시시스트 부모의 만족도에 따라 과도한 칭찬 세례를 받거나 이상화되기도 하고, 반대로 비난과 좌절감을 강하게 느낄 수도 있습니다. 골든 차일드는 부모를 기쁘게 해야 한다는 압박 속에서 살아가며, 성적이나 성취가 부모의 기대에 미치지 못하면 깊은 수치심과 죄책감을 느낍니다. 이런 환경에서 골든 차일드는 자신의 존재 가치를 외부 평가와 부모의 만족 여부에 의존하게 됩니다. 자기 존재에 대한 긍정성을 가지기 어렵게 되는 것입니다. 부모의 기대를 충족시키는 성과로만 자신의 가치가 결정되기 때문에 자아 정체성에 혼란을 겪고, 내면적으로 불안정한 상태를 유지하게 됩니다.

가족 희생양 '스케이프고트'

골든 차일드는 부모의 기대를 충족하지 못할 경우 스케이프고트 Scapegoat로 전락할 수 있습니다. 골든 차일드는 더 이상 이상화되지 않고 가족 내 모든 문제의 책임을 떠안는 희생양이 되며, 부모의 비난과 분노의 표적이 됩니다.

고대 사회에서 공동체의 죄와 책임을 대신 짊어진 염소를 제사장에 바치는 의식을 '스케이프고트'라고 했습니다. 염소를 희생양으로 삼은 것인데, 나르시시스트 가족 내에서 스케이프고트 역시 희생양 역할을 맡습니다. 스케이프고트는 지속적인 비난과 조종의 대상이 되며 나르시시스트의 분노와 불만을 받아 내는 감정의 쓰레기통 같은 존재로 취급됩니다. 나르시시스트는 자신의 부정적인 감정이나 열등감을 이들에게 투사합니다. 스케이프고트는 이러한 환경에서 자라며 심리적으로 깊은 영향을 받습니다. 가족 내에서 지속적으로 비난받고 문제의 원인으로 지목되는 과정에서 정서적으로 고립되며, 자존감이 손상됩니다.

스케이프고트는 가정뿐만 아니라 직장이나 사회적 관계에서도 나타납니다. 나르시시스트는 자신의 열등감과 불안을 감추고, 자신의 잘못을 회피하기 위해 특정인을 스케이프고트로 만들어 부정적인 감정을 투사합니다. 특정 동료를 문제의 원인으로 몰아가거나, 친구 관계에서 한 사람을 소외시키며 자신이 우위를 유지하려 합니다.

소외된 자녀 '인비저블 차일드'

인비저블 차일드Invisible Child는 가족 내에서 주목받지 못하고, 감정적으로 소외된 자녀입니다. 이들은 가족의 갈등이나 혼란을 피하기 위해 스스로를 숨기고, 눈에 띄지 않으려 조용히 행동해서 투명인간 취급을 받기도 합니다. 자신의 욕구나 감정을 드러내지 않고, 상황을 악화시키지 않기 위해 침묵하며, 주변의 요구에 맞춰 살아가려고 노력합니다. 가족 내에서 사랑을 받지 못한 인비저블 차일드는 내면적으로 고립된 상태에 빠지며, 정서적 지지를 경험하지 못합니다. 성인이 된 후에도 자신의 감정을 억누르거나 타인과의 친밀한 관계를 형성하기 어려워하며 관계에서 거리를 두는 경향이 생깁니다.

부조리를 지적하는 '트루스 텔러'

트루스 텔러Truth Teller는 나르시시스트의 말과 행동이 잘못되었음을 깨닫고 이를 드러내려는 사람입니다. 거짓된 행동이나 가족 내 부조리한 상황을 지적하지만, 이들은 나르시시스트를 변화시키기 어렵다는 것을 간과했을 것입니다. 이로 인해 트루스 텔러는 가족 내에서 갈등의 중심에 있기도 합니다. 결국 해결 방법을 찾지 못해 가족 내에서 외면당하거나, 가족 희생양인 스케이프고트 역할로 전환될 수 있습니다.

나르시시스트의 먹잇감 '에코이스트'

에코이스트Echoist는 그리스 로마 신화 속 자신의 목소리와 존재를 잃어버린 숲의 요정 '에코Echo'에서 유래했습니다. 에코이스트는 자신의 욕구와 감정을 억누르며, 타인의 요구를 우선시하는 경향이 강한 사람입니다. 이들은 앞에 나서는 것을 꺼리며 자기주장을 펼

치거나 반대 의견을 내지 않고, 갈등을 피하려는 태도를 보입니다. 부탁하거나 거절하는 것을 어려워하며 지나치게 희생적인 모습을 드러내기도 합니다. 또한, 칭찬이나 관심받는 것을 불편해하고, 타인의 기대에 맞추려는 성향 때문에 자신의 욕구를 억압합니다.

문제가 발생했을 때, 나르시시스트가 문제의 원인을 타인에게 돌린다면, 에코이스트는 반대로 문제의 원인을 자신에게서 찾으면서 자기 비하로 빠지게 됩니다. 이러한 자기 비난적 태도는 나르시시스트와의 관계에서 더 두드러지며 에코이스트는 이런 특징으로 인해 나르시시스트의 먹잇감이 되기 쉽습니다. 에코이스트는 나르시시스트와의 관계 속에서 자아를 점차 상실하며 정서적 고립감과 자존감 저하를 경험할 가능성이 높습니다. 자신을 타인의 욕구에 맞추며 살아가는 과정에서 자기 정체성을 형성하지 못하거나 자신을 낮추는 행동 패턴이 강화됩니다.

'너를 위해서였어'라는 합리화

나르시시스트 부모는 '그건 내가 사랑하는 방식이었고, 내 자녀를 위해서였어.'라고 말할 수도 있습니다. 그러나 그것은 사랑이라는 이름으로 자신의 방식을 정당화하는 합리화에 불과합니다. 사랑의 표현 방식은 다를 수 있으나, 사랑의 본질과 원칙은 다르지 않습니다. 사랑의 본질은 상대방을 한 사람으로서 인격적으로 존중하는 데 있습니다. '당신이 무엇을 잘해야만 사랑받을 수 있다'는 말은 조건화된 사랑에 지나지 않습니다. 그리고 그 조건이 사라졌을 때 사랑마저 함께 사라진다면, 그 사랑은 결국 도구로 여겼을 뿐입니다. 사람은 무언가를 해냈기 때문에 소중한 것이 아니라, 존재만으로도 가치 있기에 그 자체로 귀하고 아름답습니다.

관/계/회/복/노/트

나르시시스트의 원가족 내에는 고유한 역할이 있습니다. 자신이 어떤 역할을 해왔는지 돌아보고 그 경험이 현재의 삶에 어떤 영향을 주고 있는지 작성해 보세요.

❶ 원가족 내에서 당신의 역할은 무엇이었다고 생각하나요?

❷ 원가족 내에 골든 차일드, 스케이프고트, 인비저블 차일드, 트루스 텔러, 에코이스트가 있었나요?

❸ 그들이 당신의 삶에 어떤 영향을 미쳤나요? 그들에게 전하시 못헸던 말이 있다면 적어 보세요.

❹ 가족 내에서 어떤 말을 듣길 원하나요? 그 말을 작성하고 거울을 보며 자신에게 말해 주세요.

직장의 나르시시스트
'리더편'

신 차장은 영업기획부에 경력직으로 입사했습니다. 부서에는 이 부장과 두 명의 대리가 있었는데, 이 부장은 매일 아침 일찍 출근하고 모두에게 친절한 듯했으나, 한 번 화가 나면 돌변했습니다. 책상을 치거나 욕설을 퍼붓는 일이 잦았는데, 그의 주요 타깃은 김 대리였습니다. 어느 날 이 부장은 김 대리가 홈페이지에 올린 내용을 문제 삼으며 그에게 욕설을 퍼붓고, 크게 화를 냈습니다. 김 대리는 연신 죄송하다는 말로 상황을 수습하려 했습니다. 직장 내 괴롭힘이 분명해 보였지만, 누구도 이를 문제 삼거나 제지하지 않았습니다. 이 부장은 화를 낸 날이면 같은 팀의 한 대리와도 미팅을 가졌습니다. 미팅 후 한 대리는 김 대리를 찾아가 그의 마음을 달래며 "오늘

화를 낸 건 이 부장의 실수였지만, 원인을 제공한 건 김 대리니 아랫사람으로서 사과해야 한다."라는 말을 했습니다. 신 차장은 회사에서 이 같은 욕설과 폭언이 반복되는데도 아무도 이를 제지하지 않는 이유가 궁금했습니다. 시간이 지나면서 그는 이 부장을 험담하는 세력과 옹호하는 세력이 나뉘어 있다는 사실을 알게 되었습니다. 더 나아가, 회사의 대표조차 감정을 조절하지 못하는 모습을 보며 이러한 조직 문화가 회사 전반에 퍼져 있음을 깨달았습니다.

신 차장은 김 대리에게 이직하지 않는 이유에 대해 물었습니다. 김 대리는 "이 부장님은 말씀만 저렇게 하시지, 심성은 착한 분이에요."라고 답했는데, 자신에게 폭언을 일삼는 사람을 좋은 사람이라고 옹호하는 모습을 신 차장은 이해할 수 없었습니다. 더욱이 김 대리를 회유하던 한 대리는 뒤로는 김 대리에 대한 부정적인 소문을 퍼뜨리고 있었습니다. 한편, 이 부장은 영어 유치원에 다니는 여섯 살 딸의 이야기를 종종 꺼냈습니다. 그는 영어 유치원 선생님의 문제를 지적하며 "영어 유치원은 수업료가 비싸기 때문에 난 더 나은 대우를 받아야 한다."라고 주장하곤 했습니다.

화가 난 나르시시스트는 극도로 불안하고 불편한 감정을 자신 안에서 조절할 수 없습니다. 당장이라도 이 불편한 감정을 누군가에게 해소해야 하는데 김 대리가 타깃이 되어 직장 내 스케이프고트가 된 것입니다. 나르시시스트에게 평판은 매우 중요합니다. 그는 자신의 행동을 정당화하고 자신을 지지해 줄 사람들을 미리 만들어 두는데, 이 사례에서는 같은 팀의 한 대리가 그 역할을 충실히 합니다. 이 부장은 한 대리를 불러 자신의 행동에 대한 하소연을 늘어놓고, 본인 역시 김 대리로 인해 힘들다고 말합니다. 그리고 자신의 마음을 한 대리를 통해 김 대리에게 전달하는데, 한 대리처럼 행동하는 이들을 '플라잉 몽키Flying Monkey'라고 부릅니다.

나르시시스트의 심부름꾼 '플라잉 몽키'

'플라잉 몽키'는 뮤지컬 영화 〈오즈의 마법사〉에서 서쪽 마녀가 날개 달린 원숭이들로 하여금 자신 대신 나쁜 행동을 하도록 심부름시키는 장면에서 비롯되었습니다. 플라잉 몽키는 나르시시스트의 심부름꾼으로 그들은 나르시시스트의 행동을 지지하거나 대변하는 역할을 합니다. 피해자에게 가서 가해자(나르시시스트)의 행동을 옹호하고, 정당화하면서 피해자의 행동을 비난하기도 합니다. 피해자는 자신의 행동이 정당하다고 느끼지만, 플라잉 몽키(한 대리)의 말에 의해 점차 현실에 대한 판단이 흐려지고 인지적 왜곡을 경험합니다.

"당신이 민감하게 받아들이는 것 같아요.", "문제의 원인은 김 대리였잖아요. 문제를 해결해야 하는 부장님 입장을 생각해 봐요. 얼마나 힘들겠어요.", "부장님이 김 대리 아끼는 거 알죠? 지난 생일에도 김 대리만 챙겼잖아요."

나르시시스트와 거리를 두고 싶었던 유경험자(김 대리)는 플라잉 몽키(한 대리)의 회유와 가스라이팅으로 문제의 책임을 떠안게 됩니다. 김 대리는 자신에게 폭언을 일삼는 이 부장을 "심성은 착하다."라고 긍정적으로 평가합니다. 결국 나르시시스트가 원한 결론으로 상황은 마무리됩니다. 이 과정에서 김 대리는 가스라이팅으로 인해 기억과 판단이 왜곡되어 스스로를 의심하게 됩니다. 나르시시스트의 언행이 잘못되었다고 느끼면서도 문제의 원인이 자신이라고 믿게 됩니다. 결국, 김 대리는 나르시시스트의 통제 속으로 다시 들어가며 그들의 울타리 안에 갇힙니다.

플라잉 몽키는 나르시시스트가 있다면 존재할 수 있습니다. 자신의 손을 더럽히고 싶지 않은 나르시시스트의 악랄함이 엿보입니다. 한 대리는 플라잉 몽키로서의 행동을 여실히 보여 주고 있습니다.

플라잉 몽키는 악한 인물일까요? 플라잉 몽키는 나르시시스트의 행동이 옳지 않다는 것을 알면서도 편을 들어 주기도 합니다. 하지만 나르시시스트에게 조종된 결과로 나르시시스트를 옹호하는 경우도 있습니다. 피해자인 척 연기하는 나르시시스트 모습에 속아 피해자를 벌주고 바로잡아야 한다고 생각하는 것입니다. 그들은 자신이 정의를 실현하고 있다는 착각에 빠져 있습니다.

플라잉 몽키와 거리를 두어야 하는 이유는 몇 가지가 있습니다.

우선, 그들이 나르시시스트에게 조종당하고 있다면 결국 당신도 조종당할 위험이 있기 때문입니다. 두 번째는 그들은 당신의 이야기를 들어주는 척할 수 있지만, 실제로는 당신의 감정을 중요하게 여기거나 진심으로 공감하지 않습니다. 세 번째는 플라잉 몽키는 당신과의 대화를 통해 얻은 정보를 나르시시스트에게 전달할 수 있습니다. 마지막으로 그들은 당신에 대한 부정적인 소문을 퍼뜨릴 가능성도 있습니다.

만약, 플라잉 몽키 역시 조종당하고 있다는 사실에 안타까움을 느껴 그들을 설득하려고 한다면 위험해질 수 있습니다. 그들은 아직 나르시시스트 편에 서 있기 때문입니다.

왜곡된 정보에 흔들리지 않는 마음의 자세

플라잉 몽키는 직장뿐만 아니라 가족, 친척, 친구 등 다양한 인간관계에서도 만날 수 있습니다. 나르시시스트 주변의 사람을 파악하고 이들과의 관계에서 적절한 경계를 설정하는 것은 매우 중요한 문제입니다. 나르시시스트는 자신의 목표를 이루기 위해 주변 사람을 조종하거나 이용하는 경향이 강합니다. 플라잉 몽키와 같은 나르시시스트의 조력자는 나르시시스트의 의도를 정당화하고, 피해자를 고립시켜 갈등을 악화하며 피해자에게 심각한 스트레스를 가합니다.

플라잉 몽키가 제공하는 왜곡된 정보에 흔들리지 않으려면 사실에 기반한 관점을 유지하고 자신의 중심을 지켜야 합니다. 그들의 전략에 말려들지 않도록 심리적 경계를 설정해야 합니다.

나르시시스트와 리더의 자세

조직에서 성과는 중요하지만, 사람보다 중요하지는 않습니다. 결과를 만들기 위해 사람을 희생시킬 수는 없습니다. 만약 팀원이 업무 중 실수했을 때 '화를 내야 하는 상황인데 참아야만 합니까?'라고 질문할 수 있습니다. 이때 중요한 것은 화가 났을 때 그 감정을 어떻게 표현할 것인가에 대한 자기 성찰입니다. 감정 표현은 성숙한 대처와 미성숙한 대처로 나뉩니다. 나르시시스트는 미성숙한 방식으로 즉각적인 감정 분출, 투사, 가스라이팅 등을 사용하며, 이는 상대방의 인격을 존중하지 않는 태도입니다. 반면, 성숙한 대처 방법은 객관적인 피드백을 통해 문제를 해결하고 업무 성장을 도모하는 방향으로 이끄는 것입니다.

기업은 나르시시스트 리더로 인해 고통받는 구성원이 있다면 적극적으로 개입해서 도움을 주는 조직 문화를 형성해야 합니다. 기업의 지속적인 성장은 심리적 안정감을 토대로 만들어집니다.

관/계/회/복/노/트

나르시시스트의 심부름꾼 '플라잉 몽키'가 제공하는 왜곡된 정보에 당신의 감정이 흔들릴 수 있습니다. 사실에 기반한 관점을 유지하고, 나를 지키는 방법을 작성해 보세요.

❶ 직장이나 가정, 학교를 포함해 플라잉 몽키로 보이는 사람이 있나요? 그렇게 생각한 이유는 무엇인가요?

―――――――――――――――――――――――――

❷ 플라잉 몽키로 인해 현실 판단력이 흐려지지 않았나요? 만일 당시 판단력이 흐려졌다면 그 이유는 무엇이고, 판단력이 흐려지지 않았다면 그 이유는 무엇인가요?

―――――――――――――――――――――――――

❸ 플라잉 몽키와 심리적 거리를 두기 위해 경계를 세운 적이 있나요? 만일 경계를 세웠다면 그 이유는 무엇이고 플라잉 몽키의 반응은 어땠나요? 경계를 세우지 않았다면 그 이유는 무엇이고 이후 결과는 어땠나요?

―――――――――――――――――――――――――

④ 플라잉 몽키에 대처하기 위한 나만의 방법, 전략은 무엇인가요?

---

⑤ 나르시시스트의 영향 아래에서 '플라잉 몽키'가 되지 않기 위해 어떻게 객관성을 유지해야 할까요?

직장의 나르시시스트
'동료편'

박오만 씨는 직장 동료 홍막막 씨에게 동료들에 대한 험담을 자주 늘어놓았습니다. "김 대리가 느려서 보고가 지연되니까 내 업무까지 늦어진다.", "이 주임은 수당 받으려고 야근하는 것 같다. 나는 화장실 갈 시간도 없이 일하는데, 이 주임은 커피 마시고 담배 피우고 게으르다.", "착한 척하지만 실장은 악의 탈을 쓴 월급 루팡이다." 등 날이 갈수록 박오만 씨의 불만은 점점 커졌습니다.

처음에는 홍막막 씨도 동료로서 박오만 씨의 이야기에 공감하며 잘 들어주었습니다. 하지만 시간이 지나면서 박오만 씨의 발언은 단순한 불평을 넘어 동료들에 대한 비하와 우월감을 드러내는 말투로 바뀌었습니다. 심지어 박오만 씨는 "홍막막 씨는 우리 팀에서 일했다면 벌써 퇴사했을 것이다."라고 하며 홍막막 씨를 무시하는 발언까지 했습니다. 한편, 홍막막 씨는 박오만 씨가 험담했던 동료들의 SNS에 '좋아요'를 누르고 긍정적인 댓글을 남기며 그들과 즐겁게 대화하는 모습을 보고 나서 박오만 씨의 태도에 혼란과 불편함을 느꼈습니다. 홍막막 씨는 박오만 씨가 다시 다른 동료를 험담하려고 할 때 "다른 사람들 험담은 하지 않으면 좋겠어요."라고 조심스럽게 말했지만, 박오만 씨는 "험담이라고요? 그런 의도가 아니었는데 황당하네요."라고 말하며 자신의 의도를 부인했습니다. 홍막막 씨는 답답함에 박오만 씨가 보냈던 문자를 직접 보여 주며 문제를 지적했습니다. 그러자 박오만 씨는 "다른 의도로 쓴 것인데 홍막막 씨가 예민해서 오해했네요."라며 "문자까지 보여 주니 더 당황스럽네요."라고 말하며 오히려 홍막막 씨를 예민한 사람으로 몰아갔습니다.

이후 홍막막 씨는 박오만 씨와의 관계에서 거리를 두려고 했지만 박오만 씨는 홍막막 씨에게 선물을 보내고 점심을 사는 등 관계 개선을 시도했습니다. 그러나 박오만 씨의 험담과 우월적인 모습은 멈추지 않았습니다. 홍막막 씨는 박오만 씨와의 관계에서 거리를 두었고, 이를 눈치챈 박오만 씨는 "내가 동료들에 대해 했던 말을 오해해서 홍막막 씨가 이상하게 소문내지 않았으면 좋겠다."라고 말했습니다. 이후 박오만 씨는 주변 동료들에게 "내가 홍막막 씨에게 그렇게 잘해 줬는데…"라며 서운함을 표현하고 자신이 피해자인 것처럼 행동했습니다. 홍막막 씨는 박오만 씨가 다른 동료들에게 자신에 대한 험담을 퍼뜨리고 있다는 사실을 알게 되었고, 극심한 스트레스를 느껴 심리 상담 센터를 찾았습니다. 상담을 통해 홍막막 씨는 박오만 씨가 '나르시시스트'의 특징을 가진 사람임을 알게 되었습니다.

나르시시스트는 '오만함'과 '거만함'의 특징을 보이는데, 이는 스스로를 지나치게 높게 평가하고 다른 사람을 무시하거나 낮게 평가하는 행동으로 드러납니다. 이러한 태도는 자신이 언제나 우위에 있기를 바라는 욕망과 과도한 자기중심성에서 비롯됩니다. 박오만 씨는 누군가 야근을 하면 업무 미숙이나 게으름의 결과로 판단하면서 자신이 야근을 하는 것은 업무량이 많기 때문이라고 정당화합니다. 이처럼 자신의 행동에는 정당성을 부여하면서 상대방의 행동에는 비판적인 잣대를 들이대는 '내로남불('내가 하면 로맨스, 남이 하면 불륜'의 줄임말)'의 이중 잣대를 보입니다. 박오만 씨는 홍막막 씨에게 동료를 험담하며 은연중에 자신의 우월성과 뛰어남을 강조합니다. 이는 나르시시스트가 타인을 깎아내림으로써 자신의 존재를 부각하기 위한 방식입니다.

나르시시스트에게 필요한 '자기애적 공급원'

나르시시스트에게는 자기애를 충족시켜 줄 '자기애적 공급원'이 필요합니다. '자기애적 공급원'이란 나르시시스트에게 끊임없이 찬사, 인정, 칭찬, 관심, 공감 등을 제공하여 그들의 자존감을 유지하고 내면의 공허함을 채워 주는 사람들입니다. 나르시시스트는 외부의 반응을 통해 자신의 가치를 확인하며 존재감을 유지합니다. 외부에서 이러한 인정과 공감을 받지 못하면 나르시시스트는 내면의 불안과 공허함을 견디기 어려워하고, 이는 극도로 불안정한 모습으로 이어지기도 합니다.

홍막막 씨는 박오만 씨에게 자기애적 공급원입니다. 처음에 박오만 씨의 말에 공감하고 관심을 기울이며, 그의 인정 욕구와 우월감을 충족시켰을 가능성이 큽니다. 나르시시스트는 자기애적 공급원이 떠나려 하면 불안과 분노를 느끼고, 비난, 수동 공격, 통제 등의 다양한 태도로 반응하며 관계를 이어 가려 합니다. 다른 자기애적 공급원이 나타나기 전까지 나르시시스트는 기존 공급원이 떠나지 못하도록 다양한 방법을 동원합니다.

평판을 흔드는 계략 '스미어 캠페인'

나르시시스트의 또 다른 위험 요소 중 하나는 '스미어 캠페인Smear Campaign'입니다. 스미어 캠페인은 특정 정치인이나 정당에 대한 거짓 정보를 퍼뜨려 평판을 훼손하려는 전략에서 유래한 용어입니다. 나르시시스트는 자신의 이미지를 보호하고 상대방의 평판을 떨어뜨리기 위해 상대방에 대한 거짓 정보와 왜곡된 사실을 퍼뜨립니다. 나르시시스트는 자신에게 반기를 들거나 등을 돌리는 사람에게 거절당했다는 분노를 공격, 조작적 행동, 수동 공격성 등으로 표출합니다.

대표적인 행동이 '피해자 코스프레'입니다. 이는 누군가가 자신의 본모습을 알아차릴 것에 대한 불안과 두려움이 만들어 낸 반응입니다. 만일 누군가 박오만 씨에게 "요즘 홍막막 씨하고 안 만나?"라고 묻는다면, 또는 묻지 않더라도 박오만 씨는 자신에게 유리한 이야기를 만들어 전달하며 홍막막 씨의 이미지를 손상시킬 것입니다. 나르시시스트에게 중요한 것은 오직 자신의 평판입니다. 이들은 자신이 홍막막 씨에게 얼마나 잘했는지를 강조하며 홍막막 씨가 자신의 마음을 몰라준다고 호소합니다. 그리고 이때 나르시시스트 자신의 잘못은 하나도 없습니다. 사람들은 과연 이 말에 속을까요? 안타깝게도 나르시시스트의 화려한 말솜씨와 교묘한 가스라이팅, 조직(관계) 내에서의 권력 때문에 많은 이들이 그들의 이야기를 사실로 받아들입니다. 특히, 홍막막 씨가 박오만 씨와의 신뢰를 유지하기 위해 박오만 씨의 문제를 이야기하지 않았다면, 박오만 씨는 이 상황을 이용해 자신의 평판을 유지하려 할 것입니다. 이 과정에서 박오만 씨는 '플라잉 몽키' 동료들을 포섭해 자신을 지지하게 만들고, 이들을 통해 소문을 퍼뜨립니다. 결국, 이러한 소문은 홍막막 씨를 조직 내에서 점점 더 고립시키며 입지를 약화시킵니다.

심지어 홍막막 씨가 이 소문에 대해 사실이 아니라고 주변에 설명해도 이미 박오만 씨의 말에 영향을 받은 사람들은 홍막막 씨의 말을 믿으려 하지 않을 수 있습니다. 이는 나르시시스트가 자신의 통제력을 유지하는 방식 중 하나입니다.

자신을 비난할 이유는 없습니다

관계 초반, 나르시시스트는 매력적인 태도를 보여 상대방의 신뢰와 호감을 얻기 쉽습니다. 시간이 지나며 이중적인 태도와 가스라이팅이 드러나지만 초기에는 이를 알아차리기 어렵습니다. 홍막막 씨가 박오만 씨의 행동을 초기에 인지하지 못한 것도 교묘한 가스라이팅과 이중적인 태도 때문입니다.

상대가 나르시시스트라는 생각이 들면 조심스럽게 관계를 정리하는 방법을 선택하는 것이 좋습니다. 주변 사람들에게 그가 나르시시스트인 것 같다고 소문을 내면 그 말이 나르시시스트에게까지 들어가 문제가 생길 수도 있습니다. 자신을 보호할 수 있는 방법을 마련하며 멀어지는 것이 무엇보다 중요합니다.

관/계/회/복/노/트

직장 내 나르시시스트를 만난 적이 있나요? 그렇다면 당시 상황을 기록하고 동료와의 관계에서 대처할 방법을 작성해 보세요.

❶ 직장 동료가 반복적으로 타인을 험담하거나 자신의 우월감을 드러내는 말을 한 적이 있나요? 구체적인 내용은 무엇인가요?

❷ 당신은 상대방의 말과 행동에 어떻게 반응했나요?

❸ 동료가 당신을 무시하거나 비하하는 말을 한 적이 있나요? 당신은 어떻게 반응했나요?

❹ 본인이 '자기애적 공급원'인 것을 알아차렸다면 착취적이고 예측 불가능한 나르시시스트에게 어떻게 대응해야 할까요?

❺ 스미어 캠페인을 경험한 적이 있나요? 이를 벗어나는 방법은 무엇인가요?

_____

❻ 이제, 당신이 그 동료와의 관계에서 지혜롭게 대처할 방법은 무엇인가요?

_____

연인 사이
나르시시스트

최후회 씨(남자)는 소개팅을 통해 윤자만 씨(여자)를 만났습니다. 첫 만남에서 윤자만 씨는 최후회 씨의 사소한 말에도 살 웃어 주는 매우 매력적인 사람이었습니다. 대화 중 윤자만 씨는 최후회 씨의 학력, 집안, 직장 등 외적인 배경을 꼼꼼히 물었고, 최후회 씨는 마치 면접을 보는 기분이 들었지만, 그것마저도 관심과 호기심의 표현이라 생각하며 긍정적으로 받아들였습니다.

두 사람은 장거리 연애로 시작했지만, 윤자만 씨는 매일 같이 연락하며 적극적으로 애정을 표현했습니다. "오빠는 내가 아는 남자 중에서 가장 멋져. 이렇게 나하고 잘 맞는 사람은 처음이야.", "우리 빨리 결혼하면 좋겠어." 같은 달콤한 말을 건네며 관심을 보였습니다. 최후회 씨는 자신이 특별한 존재가 된 것 같았고, 그녀와 함께 있는 시간이 즐거웠습니다. 어린 시절 부모님의 사랑이 부족하다고 느꼈던 그는 이런 말들을 통해 윤자만 씨가 자신을 진심으로 사랑한다고 믿었고 자신의 곁을 떠나지 않을 것이라고 확신했습니다.

하지만 윤자만 씨가 서울로 발령을 받자 상황은 달라졌습니다. 그녀는 매일 만나야 한다는 이유로 최후회 씨의 일정을 통제하기 시작했습니다. "오빠는 나보다 친구가 더 중요해? 우리 연애에 집중할 때잖아." 친구들과의 약속이나 최후회 씨가 혼자 보내는 시간에도 간섭은 계속되었습니다. 그녀는 최후회 씨의 감정이나 일상에는 무관심하면서도, 자신의 성과와 능력, 외모에 대해서는 자주 자랑했습니다. 회사 팀원들의 무능함을 비난하며 자신의 유능함을 과시했고, "오빠는 이런 환경에서 절대 못 버텨. 나는 다 해내고 있잖아."라며 우회적으로 최후회 씨를 깎아내리기도 했습니다.

특히 그녀는 대화 중 최후회 씨가 조금이라도 다른 의견을 내면 "오빠, 지금 나 무시하는 거야?"라는 말을 자주 꺼냈습니다. 그 말은 일종의 경고처럼 들렸고, 최후회 씨는 점점 자신의 의견을 숨기게 되었습니다. 최후회 씨가 직장에서 겪은 스트레스를 털어놓을 때에도, 윤자만 씨는 "그건 누구나 겪는 일이야. 오빠가 유난인 거야.", "오빠, 유리 멘탈인 거 알지?"라며 최후회 씨의 감정을 폄하했습니다. 친구 문제로 속상해하는 최후회 씨에게 "전 여자 친구가 오빠 성격 때문에 힘들어했다면서? 오빠 같은 성격 감당할 사람 나밖에 없어."라는 말까지 했습니다. 이런 말들이 반복되자 최후회 씨는 자신이 문제가 있는 사람이라는 생각에 점점 위축되었습니다.

그러던 어느 날, 윤자만 씨가 또다시 회사 동료를 비난하며 자기 자랑을 늘어놓을 때, 최후회 씨는 조심스럽게 "그 동료의 장점도 봐 주면 좋지 않을까?"라고 말했습니다. 하지만 윤자만 씨는 즉시 격앙된 반응을 보였습니다. "오빠가 뭘 안다고 그런 말을 해? 우리 회사에 대해서 잘 알지도 못하면서 왜 나한테 훈수야?" 그리고 이어진 말은 어김없이, "오빠, 지금 나 무시하는 거야?"였습니다.

결정적으로 윤자만 씨가 SNS를 통해 다른 남성과 연락을 주고받으며 만남까지 가진 사실을 최후회 씨가 알게 되었을 때, 그는 분노와 혼란을 감추지 못했습니다. 그러나 윤자만 씨는 고개를 돌리며 "오빠가 나한테 잘했으면 이런 일이 있었겠어? 오빠가 날 얼마나 외롭게 했는지 생각 안 해 봤어?" 윤자만 씨는 잘못을 인정하기는커녕, 오히려 최후회 씨의 태도 때문에 자신이 흔들렸다고 주장했습니다. 상황은 다시 최후회 씨의 탓이 되어 버렸습니다.

그 일 이후 윤자만 씨는 아무런 해명도 없이 연락을 끊었고, 둘의 관계는 그렇게 일방적으로 끝을 맺는 듯했습니다. 그런데 며칠 뒤 마치 아무 일도 없었다는 듯 윤자만 씨는 최후회 씨에게 "오빠, 내가 잘할게. 보고 싶어."라는 메시지를 매일 보내기 시작했습니다. 심지어 두 사람을 이어 준 주선자는 최후회 씨에게 연락해 그녀가 너무 힘들어서 어제 응급실까지 갔으며 지금 후회하고 있다고 전했습니다. 이어서 "우리 커플처럼 잘 어울리는 커플은 없으니 다시 만나면 좋겠다"는 말을 덧붙였습니다.

나르시시스트는 애정 표현, 칭찬, 인정의 말, 선물 등을 통해 빠르게 관계를 진전시킵니다. 그리고 상대방을 자신의 통제하에 두었다고 판단되면 나르시시스트는 상대방을 평가 절하하기 시작합니다. 앞서 설명한 바와 같이 새로운 것, 자극적인 것을 찾기 때문에 시간이 지나면서 상대방에게 흥미가 떨어집니다. 자신의 연인이 나르시시스트인 것을 알지 못하는 사람은 나르시시스트 연인의 관심을 돌리기 위해 외모를 꾸미고, 선물을 주는 등 갖은 노력을 합니다. 이런 시도는 정신적으로 점점 피폐하게 만들고 자존감을 무너뜨려 이별을 결심하게 만듭니다.

그러나 그들은 자신의 욕구를 채워 줄 자기애적 공급원이 사라지길 원하지 않기 때문에 일방적으로 관계를 끝내는 것이 아니라, 후버링을 시작합니다. 그들은 상대가 떠나는 것을 용납할 수 없기에 끊어 내려고 해도 쉽게 끊어지지 않습니다. 이는 상대방의 감정을 전혀 고려하지 않는 오직 자신만 아는 극단적인 이기심의 모습입니다.

그들의 정체, 언제 알 수 있는가?

『누구도 나를 함부로 대할 수 없습니다』의 저자 라마니 더바술라는 러브 바밍 애정 공세가 시작되고 4주에서 6개월 이후부터 그들의 변화가 시작된다고 말합니다.* 이 기간은 연애 초반, 서로에 대한 신뢰가 쌓이는 시기이기도 합니다. 하지만 나르시시스트에게 이 시기는 목표한 바(연인 사이로의 발전)를 이룬 시기로 이후부터는 더 이상 흥미롭지 않은 시간입니다. 반면, 최후회 씨의 사례처럼 장거리 연애에서는 나르시시스트의 모습을 바로 알아차리기 어려울 수 있습니다. 어쩌면 결혼 후 나르시시스트의 본색을 알게 될 수도 있습니다. 나르시시스트의 정체를 깨닫는 시기는 사람마다 다릅니다. 나르시시스트는 진정한 관계에 관심이 없습니다. 심지어 자신과의 관계도 온전히 맺지 못하기 때문에 불안정한 관계의 변화는 어쩌면 이들에게 무척 자연스러운 것입니다. 최후회 씨가 윤자만 씨에게 말한 회사 이야기, 전 연인과의 갈등, 집안 상황 등은 윤자만 씨, 즉 나르시시스트에게 상대를 정서적으로 조종할 수 있는 정보일 뿐입니다.

   나르시시스트의 특징은 갈등 상황에서 두드러지게 나타납니다.

---

* 라마니 더바술라, 최기원 옮김, 『누구도 나를 함부로 대할 수 없습니다』, 알에이치코리아(RHK), 2024

자신의 우월성이 중요한 만큼 방어적인 태도를 보입니다. 이들은 감정이 폭발하는 분노를 보이기도 하고, 수동 공격적인 태도를 보이기도 합니다. 즉 상대방의 감정을 자극해서 자신의 문제를 상대방의 문제로 만들기도 합니다. 이들의 불안한 내면은 작은 일에도 쉽게 자극을 받아 감정을 폭발시키며, 그 분노는 주로 상대방에게 쏟아지는 형태로 나타납니다.

떠나지 못하게 하는 '트라우마 본딩'

흔히 '연애는 그들만이 알 수 있다.'라고 합니다. 연인 사이는 사소한 일도 공유하고 마음을 터놓는 가까운 관계입니다. 이런 애착이 형성되면 대부분의 사람들은 친밀한 관계를 유지하고자 노력합니다.

    나르시시스트의 러브 바밍은 강력했기 때문에 피해자는 하루아침에 바뀐 상대를 이해하지 못한 채 혼란에 빠집니다. 자신이 노력하면 관계가 다시 좋아질 것이라는 희망을 품습니다. 외모, 소통 방법, 선물 공세 등으로 관계를 바꾸려고 노력합니다. 그러나 관계의 문제는 한 사람의 노력으로 해결되지 않습니다. 나르시시스트는 상대방의 불안과 희망을 이용해 통제력을 강화하고, 필요할 때마다 애매모호한 관심인 브레드크럼빙을 보여 관계를 끊지 못하게 만듭니다.

상대방은 이러한 과정에서 혼란을 겪습니다. 이를 경험하면서 관계에 중독되기도 하는데, 폭력적인 관계에서 가해자에게 강한 유대감을 느끼는 경우를 '트라우마 본딩$^{Trauma\ Bonding}$'이라고 합니다. 반복적인 학대에도 불구하고 가끔 제공되는 심리적인 보상에 중독되어 관계를 벗어나지 못하는 것입니다. 트라우마 본딩은 1973년 스웨덴 스톡홀름에서 발생한 은행 강도 사건에서 인질이 가해자에게 애착을 느끼고, 오히려 구조자에게 적대감을 보이는 현상에서 비롯된 '스톡홀름 증후군'과도 비슷합니다.

『누구도 나를 함부로 대할 수 없습니다』에서는 트라우마 본딩의 패턴에 대해 아래와 같이 설명합니다.*

1. 학대와 무시를 당하면서도 이를 정당화한다.
2. 나르시시스트 상대가 말하는 허황된 약속과 거짓이 가득한 퓨처 페이킹 내용을 믿는다.
3. 만성적으로 갈등을 경험한다. 헤어짐과 화해 같은 싸움을 반복한다.
4. 상대와의 관계가 마법 같고, 형이상학적이거나 신비로운 관계라고 생각한다.

* 라마니 더바술라, 최기원 옮김, 『누구도 나를 함부로 대할 수 없습니다』, 알에이치코리아(RHK), 2024

5. 관계가 끝났을 때의 상황에 대해 두려움을 느낀다.
6. 나르시시스트 상대가 원하는 인정과 칭찬을 '원스톱 서비스' 처럼 다채롭게 제공한다.
7. 자신의 감정과 욕구를 숨긴다.
8. 관계에 대해 사람들에게 합리화하거나 독성 패턴을 숨긴다.
9. 관계에 대해 나쁜 생각을 하는 것에 대한 안타까움과 죄책감을 느낀다.
10. 갈등을 두려워한다.

나르시시스트와의 관계에서 벗어나지 못할 때 원인을 자신의 탓으로 돌리면서 원망과 자책에 빠지는 사람들이 많습니다. 이때 자신이 혹시 트라우마 결합, 즉 트라우마 본딩에 빠져 있는 것은 아닌지 고려해 봐야 합니다. 트라우마 본딩은 연인 사이뿐만 아니라 모든 관계에서 나타날 수 있습니다.

또한, 자신이 나르시시스트에 대해 잘 알고 있다고 착각해 '이런 행동을 하지 않으면 폭력이나 폭언이 일어나지 않을 거야. 그럼 우리는 다투지 않을 수 있어.'라고 생각할 수도 있습니다. 또는 '내가 이런 찬사를 보내면 우리 관계는 좋아질 수 있어.'라는 생각으로 관계의 쇠사슬을 묶고 있다면 이런 질문을 하길 바랍니다.

누군가만을 위해 희생하는 삶이 행복한가요? 상대의 해로운 행동을 정당화하는 것이 당신에게 어떤 도움이 되나요? 나르시시스트와의 관계에서 당신이 지켜야 할 사람은 상대가 아니라 바로 나 자신입니다. 자신에게 족쇄가 되는 사람과의 이별을 받아들이는 것 또한 스스로를 사랑하는 데 중요한 마음가짐입니다.

성숙한 사랑의 의미

'너의 이런 점이 날 빛나게 해 줄 거야.'로 시작되는 도구적인 만남은 행복으로 귀결될 수 없습니다. 상대방에게 맞춰야 하고, 그 기준은 점점 높아져 상처받고 위축되다 자아를 상실할 수도 있습니다. 만남에서 중요한 건 자신의 마음을 살펴보는 것입니다. 내가 나로 살아갈 수 있는 관계인지 생각해야 합니다. 갈등과 다툼이 있을 때 서로 배려하고 존중하면서 상처 주지 않는 만남인지, 서로의 부족함을 이해하고 공감하며 채워 가는 만남인지 고민해야 합니다. 이런 만남에서 우리는 삶의 기쁨을 누릴 수 있습니다.

미국의 정신 분석학자 에리히 프롬은 『사랑의 기술』에서 다음과 같이 사랑을 정리합니다. "어린아이의 사랑은 '나는 사랑받기 때문에 사랑한다'는 원칙에 따르고, 성숙한 사랑은 '나는 사랑하기 때문에 사랑받는다'는 원칙에 따른다. 성숙하지 못한 사랑은 '그대가 필요하기 때문에 나는 그대를 사랑한다'는 것이지만 성숙한 사랑은

'그대를 사랑하기 때문에 나에게는 그대가 필요하다'는 것이다."*

서로 다른 삶을 살다가 우연히 만나 연인이 됩니다. 사랑은 사랑받기 때문이라는 조건을 의미하지 않습니다. 또한, 필요에 의해서 하는 의존적이고 이기적인 것을 말하지 않습니다. 사랑이란, 존재와 존재로서의 건강한 만남이 아닐까요? 그래서 사랑에는 행동, 책임, 노력이 필요합니다.

---

* 에리히 프롬, 황문수 옮김, 『사랑의 기술』, 문예출판사, 2019

관/계/회/복/노/트

나르시시스트 연인을 만난 적이 있다면, 당시 상황을 기록하고 진정한 사랑의 의미에 대해 작성해 주세요.

❶ 만난 지 얼마 지나지 않았을 때, 상대방이 당신을 특별하게 여기고 그렇게 대한 적이 있나요?

❷ 관계가 진행되면서 상대방의 태도가 갑작스럽게 변하기도 했나요? 그렇다면 언제부터, 어떤 태도로 변했나요?

❸ 상대방이 당신을 무시하고 타인과 비교하는 말을 한 적이 있나요?

❹ 상대방이 당신을 조종하거나 자존감을 낮추는 말을 한 적이 있나요?

❺ 상대방이 당신을 떠났다가 다시 돌아온 적이 있나요?

❻ 이제, 상대방이 나르시시스트라고 생각하는 이유는 무엇인가요?

❼ 지금부터 당신이 할 수 있는 선택은 무엇인가요?

❽ 당신이 원하는 진정한 사랑의 의미는 무엇인가요?

친구 간의
나르시시스트

긴억울 씨는 대학 시절 아르바이트를 하면서 박허세 씨와 친구가 되었습니다. 박허세 씨는 "너 같은 친구를 만나려고 아르바이트를 시작한 것 같아!"라며 김억울 씨를 특별한 사람처럼 이상화하고, 김억울 씨의 이야기를 진지하게 경청하며 공감하는 듯한 태도를 보였습니다.

그러나 시간이 지나자 박허세 씨의 태도는 점점 달라졌습니다. 박허세 씨는 모임에서 김억울 씨의 허락 없이 그의 사생활을 안줏거리처럼 떠벌렸습니다. "이 친구는 너무 착해서 큰일이에요. 애인한테 고가의 선물을 했는데 바로 다음 날 차였어요. 친구로서 진짜 말렸는데."라고 웃으며 말했고, 김억울 씨는 큰 모욕감을 느꼈습니다. 김억울 씨가 박허세 씨에게 불쾌함을 표현하자 박허세 씨는 "웃자고 한 얘기잖아. 왜 그렇게 예민하게 굴어?"라고 말하며 상황을 왜곡하고 회피했습니다.

이후에도 박허세 씨는 자주 "그 친구는 사람 보는 눈이 있던데, 넌 그런 거 잘 모르지 않아?" 같은 말로 김억울 씨를 평가하거나 비교하며 자신의 우월감을 드러냈습니다. 김억울 씨에게 좋은 일이 생기면 축하보다는 질투를 하거나, "네가 그걸 해 낼 줄 몰랐네."라고 폄하했습니다. 김억울 씨가 힘든 마음을 털어놓으려 할 때 박허세 씨는 무시로 일관하거나 형식적인 반응만 보였고, 곧장 대화 주제를 자신에 관한 이야기로 바꿨습니다. 대화의 중심은 늘 박허세 씨였고, 김억울 씨의 감정은 철저히 무시되었습니다.

최근 김억울 씨가 다른 친구들과 해외 여행을 다녀오자 박허세 씨는 "왜 나한테는 여행 간다고 말 안 했어? 해외는 나랑 가자고 했잖아!"라며 불같이 화를 냈습니다. 김억울 씨가 거듭 사과해도 "넌 날 친구로 생각하지 않으니까 그런 행동을 하는 거야."라는 말로 김억울 씨의 죄책감을 자극했습니다. 한동안 연락이 없던 박허세 씨는 지인을 통해 소식을 전하거나, 김억울 씨에 대한 이야기를 흘리는 등 김억울 씨에게 우회적으로 영향력을 끼치려 했습니다.

누군가가 나를 특별하게 여기고, 내 이야기를 세심하게 들어주고, 또 공감해 주면 마음의 문을 열 수밖에 없습니다. 나르시시스트는 박허세 씨처럼 초반에 이상화를 통해서 상대방을 띄워 주다가 친밀해진 이후에 비난과 조종, 통제로 태도를 바꿉니다.

나르시시스트에게 잘못이 있음에도 불구하고, 그들은 반복적인 가스라이팅으로 책임을 상대에게 떠넘기고, 자신을 피해자인 것처럼 꾸밉니다. 상황을 교묘하게 왜곡하면서 결국 피해자는 무엇이 진실인지 혼란스러워하다가 오히려 스스로를 탓하게 되는 심리적 역전 현상이 벌어집니다.

관계를 끊어야 한다는 것을 머리로는 알지만, 결심하기란 쉽지 않습니다. 마음속에는 여전히 미안함과 죄책감이 남아 있기 때문입니다. 나르시시스트가 관계 속에 심어 놓은 왜곡된 신념은 이렇게 속삭입니다. "나한테 잘해 준 친구인데, 설마 그럴 리가 있겠어?"

나르시시스트가 보여 주는 공감은 상대방의 정보를 얻기 위한 의도가 담긴 도구적인 공감입니다. 나르시시스트는 오직 자신이 주목받는 대화에만 집중합니다. 여럿이 있을 때, 나르시시스트는 자신의 우월성을 빛내기 위해 상대방을 무시하는 발언을 서슴지 않습니다. 그 발언에 대해 불편함을 호소하면 나르시시스트는 상대방의 반응을 예민함이라는 단어로 위축시킵니다. '예민함'이라는 단어는 상대를 제압할 때 쓸 수 있는 강력한 무기입니다. '너는 작은 일에도 쉽게 반응해.'라는 뜻을 내포하는 이 단어는 나르시시스트의 말과 행동을 합리화하는 마법의 단어가 될 수 있습니다.

악성 나르시시스트 친구는 알아차릴 수 있지만, 미묘한 나르시시즘을 가지고 있는 친구는 알아차리기 쉽지 않습니다. '그 친구가 나한테 왜 그러겠어? 어떤 이득이 있다고?'라고 생각한다면 나르시시스트 친구가 자신에게 유해한 사람이라는 정보를 받아들일 수가 없습니다.

심리적 혼란 '인지부조화'

자신의 행동, 태도, 신념이 일치하지 않을 때 느끼는 불편한 감정을 '인지부조화'라고 합니다. 우리는 새로운 사실(정보)로 심리적 불편함이 발생하면 안정성과 일관성을 추구합니다. 예를 들어, 흡연하는 사람이 '흡연은 건강에 해롭고 폐암 확률을 높인다.'라는 새로운 정보를 알게 된다면 심리적으로 불편함을 느끼게 됩니다. 이 부조화를 해결하기 위해 일부는 흡연을 멈추는 행동 변화를 선택합니다. 또 다른 일부는 '담배는 해롭다'라는 기존의 신념을 '요즘에는 필터가 잘 되어 있어서 예전만큼 해롭지 않다.'라는 말로 약화해 자신의 행동을 정당화합니다. 이처럼 인지부조화를 해소하기 위해 행동을 바꾸거나 기존의 신념을 수정해 현재의 행동과 조화를 이루려고 합니다.

나르시시스트의 특징 중 하나가 바로 '인지부조화'입니다. 자신이 우월하다는 신념에 반하는 새로운 정보나 '자신의 부족함에 대한 객관적인 평가' 등은 받아들이지 않고 기존의 신념 체계를 유지하려고 합니다.

오랜 시간 나르시시스트와 관계를 유지한 사람 역시 인지부조화를 경험할 수 있습니다. 상대가 자신에게 유해한 사람이라는 새로운 사실과 기존의 관계에 대한 인식 사이에서 일관되지 않은 생각이 충돌하며 심리적 갈등이 발생합니다. 이때 당신에게는 선택지가 있습니다. 새로운 정보를 받아들여 나르시시스트와 거리를 두거나 관계를 끊는 방법, 혹은 기존 신념 체계를 유지하며 나르시시스트와의 관계를 지속하는 방법입니다.

'인지부조화'가 발생하면 심리적으로 불편함을 경험합니다. 우리는 이 부조화를 없애기 위해 나르시시스트 친구가 나에게 잘해 준 일화, 친구와의 좋은 추억 등 선택적 정보를 취득해 자신을 설득하기도 합니다. 또는 명성, 재력, 권력 등으로 주변 사람들에게 긍정적인 평가를 받는 나르시시스트에게 느끼는 불편한 감정에 대해서는 회피하기도 합니다. 누군가와의 관계에서 불쾌한 감정이 느껴진다면 자신을 살펴보길 바랍니다. 그 감정은 한두 번 느낀 감정이 아니었을 것입니다. 그 마음을 바라봐 주는 것이 자신을 지켜 내는 현명한 방법입니다.

'느슨한 연대'를 통해 관점 넓히기

나르시시스트는 고립된 관계를 통해 상대방을 통제, 소유하려고 합니다. 피해자는 어려운 순간에도 다른 사람에게 도움을 요청할 수 없고, 이는 나르시시스트의 영향에서 벗어날 수 없는 원인이 됩니다.

나르시시스트의 영향력 아래가 아닌, 다른 영역의 좋은 사람들과 관계의 폭을 넓히면서 관점을 키우는 것이 중요합니다. 새로운 관계를 통해 나르시시스트와의 관계를 한 발짝 뒤에서 바라볼 수 있으며, 이로써 자신의 감정과 상황을 객관적으로 인식할 수 있습니다. 자신만의 건강한 사회적 네트워크를 구축하는 것은 고립과 의존에서 벗어나 자유롭고 균형 잡힌 삶을 살아가는 힘을 줍니다.

'평생 한 명의 친구만 있으면 성공한 인생이다.'라는 말이 있습니다. 이 말은 복잡한 인간관계 속에서 자신을 진정으로 이해하고 지지하는 사람을 만나기가 무척 어렵다는 것을 의미합니다. 또한 이 문장은 수많은 피상적인 관계보다 깊고 진솔한 우정의 가치가 중요함을 전합니다. 그러나 한 명의 친구에 대한 의존성이 높아진다면, 우정은 곧 독이 될 수 있습니다. 특히 그 한 사람이 나르시시즘에 빠져 있다면 그 관계는 지속하면 안 됩니다. '느슨한 관계'가 주변에 있다는 것은 관계의 의미를 성찰하는 기회가 있다는 것을 뜻합니다. 나를 둘러싼 관계에 대해 새롭게 정의하고 재정립하는 시간을 가져 보길 바랍니다.

관/계/회/복/노/트

나르시시스트 친구(지인, 동료 등)를 만난 적이 있다면, 당시 상황을 기록하고 진정한 친구의 의미에 대해 생각해 봅시다.

❶ 알게 된 지 얼마 지나지 않았을 때, 상대방이 당신을 특별하게 여기고 그렇게 대한 적이 있나요?

―――――――――――――――――――――

❷ 상대방이 당신을 평가하거나 비교하는 말을 한 적이 있나요?

―――――――――――――――――――――

❸ 상대방이 당신의 감정을 무시하거나 대화의 중심을 자신으로 돌린 적이 있나요?

―――――――――――――――――――――

❹ 상대방이 당신에게 과도하게 화를 내거나 죄책감을 심어 준 적이 있나요?

―――――――――――――――――――――

❺ 나르시시스트 친구와의 관계에서 앞으로 내가 대처할 수 있는 방법은 무엇이 있을까요?

_____

❻ 건강한 친구 관계는 무엇이라고 생각하나요?

_____

3장

나르시시스트와의 이별

나를 끌어당기는 사람, 왜 늘 그들이었을까?

회계팀에서 근무하는 심허탈 씨는 새로운 팀장 강독불 씨와 함께 일하게 되었습니다. 강독불 팀장은 첫날부터 자신의 뛰어난 경력과 성과를 자랑하며 팀원들에게 자신만 믿고 따를 것을 강조했습니다. 강독불 팀장은 성과 중심적인 태도로 강압적인 업무 지시를 이어 갔고, 이는 팀원들에게 큰 부담이 되었습니다. 반면, 심허탈 씨는 강 팀장이 낯선 조직에 적응하느라 힘들 것이라고 생각해 야근과 추가 업무를 자처하며 도왔습니다. 하지만 강 팀장은 이런 배려를 당연하게 여기며 심허탈 씨가 조금이라도 실수할 때면 "당신 같은 직원한테 기대한 게 잘못이었네요."라고 말하고 그의 헌신을 폄하했습니다. 그럴 때마다 심허탈 씨는 "내가 부족해서 그래."라며 자신을 탓했습니다.

심허탈 씨는 강 팀장에게 "요즘 업무가 많아서 부담스럽다."라고 조심스럽게 털어놓았습니다. 그러자 강 팀장은 "난 심허탈 씨 입장을 이해하려고 노력했는데, 정작 본인은 실력 키울 생각도 안 하고 힘들다는 말만 반복하네요."라고 반응했습니다. 심허탈 씨는 자신이 팀에 민폐를 끼치는 건 아닌지, 자신이 문제를 키운 건 아닌지 자책하기 시작했습니다.

시간이 지나면서 심허탈 씨는 점점 지쳐 갔지만, 강독불 팀장이 가끔 "심허탈 씨 같은 직원이 있다니 난 참 운이 좋다."라며 칭찬할 때마다 마음이 흔들렸습니다. 이런 순간마다 심허탈 씨는 팀장에 대한 부정적인 감정을 억누르고, 마음속으로 그를 비난한 것을 오히려 자책했습니다. 하지만 과중한 업무와 이로 인한 스트레스는 그대로였고, 심허탈 씨는 결국 병가를 냈습니다. 그러자 강독불 팀장은 이에 대해 "평소에 건강 관리를 잘하지 않아 팀이 바쁠 때 피해를 준다."라며 냉담하게 반응했습니다.

심허탈 씨의 행동이 문제였을까요? 그렇지 않습니다. 심허탈 씨의 행동은 팀장이 새로운 환경에 잘 적응하도록 돕고자 하는 선한 마음과 팀장이 겪을 어려움에 공감하는 연민의 마음에서 비롯되었습니다. 심허탈 씨의 선의를 도구로 이용한 팀장의 태도가 문제의 핵심입니다. 팀장은 심허탈 씨의 배려와 희생을 자신의 이익을 위해 활용하며, 칭찬과 비난을 반복하는 방식으로 그녀를 심리적으로 혼란스럽게 했습니다.

또한 심허탈 씨는 강 팀장의 강압적인 태도 앞에서 대응하지 못하고 얼어붙는 반응을 보입니다. 이것을 '투쟁-도피 반응'이라고 하는데, 이 반응은 위협적인 상황에서 나타나는 모습으로, 싸우거나 도망치는 신체 반응을 가리킵니다. 투쟁-도피 반응은 '3F' 형태로 실현됩니다. 첫 번째 F는 'Fight'로 싸우는 행동을, 두 번째 F는 'Flight'로 도망치는 행동을, 마지막 F는 'Freeze'로 그 자리에서 얼어붙는 반응을 가리킵니다. 즉, 심허탈 씨는 강독불 팀장의 위협적인 말과 행동에 압도되어 몸과 마음이 얼어붙는 반응을 보인 것입니다.

이후 심허탈 씨는 강 팀장이 만들어 놓은 가스라이팅의 덫에 걸려 자신의 감정, 기억, 판단을 부정하고 자신을 책망하기에 이릅니다. 이런 상황이 반복되면 심리적, 신체적으로 심각한 영향을 끼칩니다. 자존감이 낮아지고, 우울과 불안이 심해질 뿐만 아니라 두통 등 기타 건강상의 문제로도 이어질 수 있습니다. 그런데 왜 이런 상황에서 자신을 먼저 탓하게 되는 걸까요?

나르시시스트가 좋아하는 유형의 사람들

교과서에서는 공감, 배려, 용서를 사회적 관계의 중요한 미덕이라고 가르칩니다. 이러한 미덕은 관계에 진정성을 더하는, 우리 모두가 보편적으로 인정하는 가치입니다. 하지만 나르시시스트에게 이러한 미덕은 도구일 뿐입니다. 그들은 공감과 배려를 도구 삼아 자신의 이익을 위해 상대를 조종하거나 착취합니다.

프랑스의 정신 분석학자 장 샤를르 부슈는 『악성 나르시시스트와 그 희생자들』*에서 타인을 조종하는 사람들을 연구한 '크리스토프 카레'의 저서를 인용해 피해자가 되기 쉬운 유형을 설명합니다. "희생양들은 대체로 인심이 후하고 진정성이 있으며 사랑스럽고 타인에게 열린 마음을 갖고 있다. 연인과의 관계에서 신뢰를 공고히 쌓고 있으나 한편 요령 없이 순진해빠진 모습도 보인다. 스스로에 대한 자신감이 결여되어 있는 점도 공통적이다. 누군가 자신의 부족한 점을 보완하여 완벽해질 수 있도록 도와주는 관계를 바라며, 과도하게 감정이입을 잘하고 책임감이 강하다. 피해자들은 타인을 보호해주려 하며 사랑하고 위로하고 달래준다. 쉽게 스스로를 비난하고 죄책감을 느낀다. 비판적 시각과 자율성과 존엄성을 자발적으로 포기하는 경우도 많다. 다른 사람을 늘 기쁘게 하려 노력하며 자신이 가진 최고의 모습만을 보여주려 한다. 타인에게 쉽게 종속되며, 사랑하는 대상에 대해 환상을 품는 일도 많다. 그 환상 또한

---

* 장 샤를르 부슈, 권효정 옮김, 『악성 나르시시스트와 그 희생자들』, 바다출판사, 2017

오래간 지속된다. 자신의 사랑에 대해 자랑스러워하고 자신만만해하며, 현실을 직면하여 보기를 원치 않는다. 희생양은 본인이 희생양이라는 사실을 인지하지 못한다."

이처럼 나르시시스트에게 취약한 사람들의 특징을 구체적으로 살펴보면 다음과 같습니다. 우선, 이들은 공감 능력이 뛰어나고 상대방의 좋은 점을 발견하는 특징을 가지고 있습니다. 상대의 어려운 이야기를 들으면 돕고자 하는 마음을 강하게 느낍니다. 이러한 자기희생적 성향은 자신의 욕구보다 상대방의 욕구를 우선시하는 경향으로 이어집니다. 이는 흔히 "호의가 계속되면 권리인 줄 안다."라는 말과 맞닿아 있으며, 나르시시스트에게 이용당하기 쉬운 심리적 배경이 되기도 합니다.

두 번째로 이들은 애착 외상을 지니고 있기도 합니다. 애착은 중요한 대상과의 정서적 유대 관계를 의미하며 안정형 애착과 불안정 애착(회피, 불안, 혼란)으로 구분됩니다. 안정형 애착은 나와 상대방 사이에서 신뢰와 안정감을 느끼는 관계입니다. 회피형 애착은 자신에 대해 긍정적이지만, 타인에 대해 부정적인 성향으로, 관계에서 거리 두기를 선호하며, 의존하거나 가까워지는 것을 두려워합니다. 불안형 애착은 자신에 대해 불안해하지만, 타인에 대해서는 긍정적으로 여기는 성향으로, 타인이 자신을 떠나는 것을 걱정하는 경향이 있고, 상대방의 행동에 민감하게 반응합니다. 마지막 혼란형 애착은 나와 타인을 신뢰하지 못하며, 친밀감을 원하지만 동시에 두려워하는 모순적인 행동을 보입니다.* 애착의 상처가 있는 경우 나르시시스트의 표적이 될 수 있습니다. 사랑에 대한 결핍이 있으면 나르시시스트가 초반에 주는 러브 바밍에 매료될 가능성이 높습니다.

세 번째로 이들은 용서의 경향성을 보입니다. 용서는 상대방의 잘못을 이해하고 벌하지 않으며 덮어 주는 것으로 정의됩니다. 그러나 용서의 미덕이 악용될 경우, 상대방은 자신의 잘못을 깨닫지 못한 채 이를 반복적으로 이용하게 됩니다. 결국 용서가 지속될수록 상대방은 자신의 행동을 정당화하며 더욱 무책임한 태도를 보일 수 있습니다.

네 번째로 이들은 내면이 공허해 사랑이 결핍되어 있습니다. 정서적으로 지쳐 있거나 누군가에게 의존하고 싶을 때, 나르시시스트의 모습은 매력적으로 다가옵니다. 자신과 달리 항상 자신감에 차 있는 나르시시스트를 보면 의지하고 싶어집니다. 마음에 공허함이 생긴 상황에서 러브 바밍을 하는 상대가 나타나면 그 유혹을 뿌리치기 어렵습니다. 특히 상대가 주기적으로 '미래에 대한 환상'을 심어 준다면, 이를 믿고 더욱 의존하게 됩니다. 하지만 이러한 유혹이 허상임을 스스로 인정해야만 빠져나올 수 있습니다.

* 백선영, 『관계를 바꾸는 심리학 수업』, 천그루숲, 2023

다섯 번째로 이들은 낮은 자존감을 지닌 채 자신의 가치를 외부에서 인정받고 싶어 합니다. 자신에 대한 믿음, 효능이 부족한 상황에서 자기 확신(가짜)에 차 있는 나르시시스트에 의해 이상화될 수 있습니다. 이외에도 많은 사람들이 다양한 이유로 나르시시스트의 표적이 될 수 있으며, 평범한 가정에서 건강하게 성장했어도 예외는 아닙니다.

드라마 〈동백꽃 필 무렵〉에서 주인공 동백이는 연쇄 살인마 까불이에게 고통을 받습니다. 견디지 못한 동백이가 동네를 떠날 결심을 하던 중 각성하며 이렇게 말합니다. "왜 나만 괴롭히는 걸까? 생각해 보니 내가 만만했던 거예요. 동물의 왕국에서 먼저 잡아먹히는 동물은 다친 애, 새끼, 그리고 쫄보예요. 사자가 한 마리만 걸리라고 하면서 몰래 다가갈 때 쫄보를 먼저 알아보고 잡아먹거든요. 내가 만만해 보인 거예요. 내가 도망을 왜 가요? 웰컴이다. 다 덤비라고 해요."

나르시시스트는 본능적으로 자신의 인정 욕구와 내면의 결핍을 채워 줄 사람을 알아봅니다. 나르시시스트가 당신을 힘들게 했다면, 당신이 자신도 모르는 사이에 나르시시스트의 어떤 욕구를 채워 주고 있었을지 고민해 보는 것도 좋은 방법입니다. 이는 자신을 자책하는 것이 아닌, 자신을 성찰하는 과정임을 잊지 말아야 합니다.

당신은 약하지 않습니다. 약하다고 생각한 '나'가 있을 뿐입니다.

나르시시스트를 경험한 당신은 약하고 만만하기만 했던 존재가 아닙니다. 약하지 않았기에 지금까지 버텨 왔고, 앞으로도 강인하게 나아갈 수 있는 것입니다.

중요한 것은 과거의 아픔과 희생을 인정하고, 동백이처럼 '웰컴'이라 말하며 나르시시스트를 직면해 자신의 가치를 지키겠다고 선언하는 것입니다. 더 이상 누군가를 기쁘게 하기 위해 살지 않고, 자신의 기쁨과 충만함을 위해 살아가면 됩니다.

지금까지 타인에게 베푼 공감과 배려, 용서를 자신에게 돌려, 스스로 이해하고 보살피는 시간을 가지길 바랍니다. 자신을 자책했던 마음에게 용서를 구하고 자신을 따뜻하게 안아주길 바랍니다. 지금 당신이 해야 할 일은 자책이 아닌, 공감과 용서, 이해입니다.

관/계/회/복/노/트

나르시시스트가 좋아하는 유형과 그들에게 취약한 유형에는 유사한 특징이 있습니다. 자신의 특성을 확인해 보고 이러한 특성이 어떤 영향을 미칠 수 있는지 작성해 보세요.

❶ 나르시시스트에게 취약한 사람들의 특징입니다. 자신에게 해당하는 항목을 체크해 보세요.

- ☐ 공감 능력이 뛰어나다.
- ☐ 타인의 힘든 이야기를 들으면 돕고 싶어진다.
- ☐ 자신의 욕구보다 타인의 욕구를 우선시한다.
- ☐ 용서를 잘한다.
- ☐ 자존감이 낮고, 외부 인정에 의존한다.
- ☐ 애착 상처를 경험한 적이 있다.
- ☐ 내면이 공허하고, 사랑 결핍이 있다.

❷ 체크한 특징이 나르시시스트와의 관계에서 어떤 영향을 미칠 수 있나요?

---

❸ 심허탈 씨는 "내가 부족해서 그래."라는 말로 자신을 자책하기도 했습니다. 이런 심허탈 씨에게 어떤 말을 해 주고 싶나요?

3장. 나르시시스트와의 이별

관계를 지키는
바운더리

예능 프로그램 〈유퀴즈 온 더 블록〉에 출연한 배우 차승원 씨는 유해진 씨와 함께 10년간 〈삼시세끼〉를 촬영한 경험을 회상했습니다. "유해진 씨는 어떤 사람입니까?"라는 질문에 차승원 씨는 "서로를 이해하고, 갈등이 생겼을 때 이견을 만들지 않는 사람"이라고 답했습니다. 그의 대답은 좋은 관계의 본질을 간결하게 표현한 것으로 보입니다.

 좋은 관계란 '서로의 경계를 존중하고, 갈등 상황에서 이견이 생겨도 해결할 수 있는 관계'를 말합니다. 하지만 나르시시스트는 상대방의 경계를 존중하지 않습니다. 그들 대부분은 모든 상황을 자기중심적으로 해석하며 상대방의 감정을 이해하거나 상대방에게 공감하지 못합니다.

건강한 경계, 나를 지키는 방법

경계선을 뜻하는 '바운더리Boundary'는 나와 타인 사이의 거리를 나타내며, 편안한 관계를 유지하기 위해 자신의 욕구와 요구의 선을 설정하는 것을 의미합니다. 건강한 바운더리는 자신을 보호하고 타인과의 관계에서 균형을 유지하는 데 필수입니다. 바운더리는 느슨한 바운더리, 엄격한 바운더리, 유연한 바운더리로 구분됩니다. 바운더리를 이해하는 것만으로도 자신을 보호하는 데 도움이 됩니다.

우선, '느슨한 바운더리'는 자신의 경계가 명확하지 않은 상태를 의미합니다. 느슨한 바운더리를 가진 사람들은 자신이 원하는 것이 있음에도 불구하고 이를 숨기고 상대방에게 맞추려는 경향을 보입니다. 이러한 성향은 거절을 하지 못하는 모습으로 나타나기도 합니다. 이들은 종종 '착하다.'라는 말을 듣게 되는데, 이러한 평가는 긍정적 측면도 지니고 있지만, 동시에 자신의 욕구를 억누르고 타인의 욕구를 우선시하며 희생하는 삶을 살아왔을 가능성을 내포합니다.

박초조 대리는 퇴근 시간 무렵 내일 오전까지 회계 데이터 보고서를 제출하라는 업무를 받았습니다. 내일 오전에 보고하기 위해서는 야근을 해야만 했습니다. 그러나 오늘 저녁에 반드시 참석해야 하는 가족 모임이 있었습니다. 당신이 박초조 대리라면 어떻게 하겠습니까? 건강한 바운더리를 지닌 사람이라면 일정 조율이 필요하다고 의사를 표현할 것입니다. 그러나 느슨한 바운더리에 있는 사람들은 자신의 상황을 설명하거나 거절하는 일을 어려워합니다. 아마도 "회사 일이 원래 이렇지."라고 합리화하며 넘어갔을 가능성이 큽니다. 느슨한 바운더리를 지닌 사람들은 자신의 욕구를 정확히 인식하고, 이를 상대방에게 분명히 표현하거나 행동으로 옮기는 연습이 필요합니다. "말해도 소용없어."처럼 단념하는 태도 역시 자기 합리화일 뿐입니다. 자신을 존중하고 명확한 경계를 세우는 것이 스스로를 지키는 방법입니다.

두 번째는 '엄격한 바운더리'입니다. 엄격한 바운더리를 지닌 사람들은 자신의 경계를 매우 강하게 설정해 타인이 자신의 성계 안으로 들어오지 못하게 합니다. 친밀한 관계를 피하고, 스스로를 고립시키는 경향이 나타납니다. 또한, 거절에 대한 두려움 때문에 상대방에게 부탁하지 않을 뿐만 아니라, 상대방의 부탁도 잘 들어주지 않습니다. 내면에 두려움과 불안함을 지니고 있습니다.

마지막 '유연한 바운더리'는 자신의 욕구와 요구를 이해하고 적극적으로 표현하는 성향을 보입니다. 이들은 거절과 수용을 균형 있게 실천하며, 상대방의 경계를 존중하고 받아들입니다. 자신의 감정을 돌보고, 필요할 때 도움을 요청할 수 있는 능력도 포함합니다. 또한, 갈등 상황에서 감정적으로 반응하기보다 문제를 건설적으로 해결하려는 태도를 보입니다. 개인의 자율성과 독립성을 지켜 주며 신뢰가 두터운 관계를 유지합니다.

바운더리에 대해 강의를 진행할 때, 청중에게 이를 설정하는 것이 이기적으로 느껴진다는 질문을 받은 적이 있습니다. 그러나 바운더리를 설정하는 것은 단순히 경계를 세우는 일이 아니라, '알아차림'의 과정입니다. 바운더리를 설정하는 과정을 통해 상대방이 나에게 해를 끼친다는 것을 알아차릴 수 있습니다. 이는 상대방과의 관계에서 중심을 잡을 수 있도록 돕는 하나의 방법으로 작용합니다. 반면, 알아차리지 못한다면 바운더리가 침범되어 정서적으로 조종을 당할 위험이 있습니다. 그렇다고 모든 관계에서 동일한 바운더리를 설정할 필요는 없습니다. 관계마다 알맞은 바운더리를 설정해 '좋은 관계'를 유지하면 됩니다.

어린 시절, 마당이 있는 집을 볼 때 담장이 너무 높으면 위협적으로 느껴지고, 담장이 너무 낮으면 도둑이 쉽게 들어올 것 같다고 생각한 적이 있습니다. 바운더리를 집의 담장이라고 생각하면 좋습니다. 자신을 둘러싼 담장이 너무 높으면 고립될 것이고, 너무 낮으면 소중한 것을 빼앗길 수도 있습니다. 결국, 적당한 높이의 담장이 당신을 보호할 수 있습니다.

일상에서 침해된 바운더리

친구들과 즐겁게 이야기하고 집으로 돌아오는 길, "왜 내가 그때 그 말을 하지 못했을까?"라는 생각이 들 때가 있습니다. 대화 상황을 반추하며 그 자리에서 자신이 해야 했던 말을 떠올리고, 공격적인 감정을 느낍니다. 만일 누군가와의 대화 후에 불안, 분노, 억울함, 죄책감을 느꼈다면 자신의 바운더리가 침범된 것은 아니었는지 살펴볼 필요가 있습니다. 특히, 나르시시스트는 당신의 바운더리를 자유롭게 침투할 가능성이 높습니다. 앞서 다룬 느슨한 바운더리, 엄격한 바운더리, 유연한 바운더리는 다섯 가지로 영역으로 구분할 수 있습니다.

첫 번째, '신체적·성적 바운더리'입니다. '매너 손'이라는 말을 들어 봤을 것입니다. 상대방을 배려해 신체 접촉을 하지 않는 것을 의미합니다. 원하지 않는 상황에서 신체 접촉을 당할 때 신체적 바운더리가 침해되었다고 말할 수 있습니다. 상대방과의 관계에 따라 달라질 수는 있지만, 대화 중 과도하게 스킨십을 하는 행동, 불편하게 애정 표현을 하는 행동, 성희롱, 성추행, 성폭행 등 모두 신체적 바운더리의 침해입니다.

또한, 외모에 대한 평가나 음담패설도 신체적 바운더리 침해 사례로 볼 수 있습니다. 상대방이 불편해하는 상황에서 배려 없이 자신의 욕구만을 충족하는 경우인데, 특히 한국 사회에서 외모에 대한 평가는 칭찬의 탈을 쓰고 있기도 합니다. 하지만 이 역시 상대방이 듣고 불편해한다면 멈추고, 상대방의 바운더리를 존중해야 합니다. 상대에게 상처가 되는 말을 뱉어 놓고, 좋은 의도였다고 말한다면, 이는 자신의 의도를 강조하며 상대의 감정을 간과하는 이기적인 태도입니다.

두 번째는 '정서적 바운더리'입니다. 감정의 주인은 자신이어야 합니다. 자신의 감정과 상대방의 감정을 명확하게 구분해야 하지만, 나르시시스트는 '투사'로 정서적 바운더리를 침해합니다.

박중심 씨와 김한숨 씨는 대학 동기입니다. 박중심 씨는 김한숨 씨에게 '진짜 친구'라며 자신의 감정을 털어놓는 것을 당연하게 여깁니다. 그는 힘든 일이 있을 때마다 시간을 가리지 않고 김한숨 씨에게 고민과 불만을 쏟아냅니다. 김한숨 씨가 피로를 호소하거나 자신의 어려움을 이야기하려고 하면 박중심 씨는 오히려 "너도 다른 사람이랑 똑같네."라고 비난하고, 자신의 감정이 우선임을 강조합니다. 심지어 김한숨 씨가 자신의 감정을 배려해 주지 않는다고 느끼면 박중심 씨는 SNS에 '이제 나를 이해하는 진짜 친구는 없는 듯' 같은 글을 올려 김한숨 씨의 죄책감을 유도했습니다.

박중심 씨는 자신의 감정을 일방적으로 배출할 대상, 자신의 감정을 버릴 쓰레기통이 필요했을 뿐입니다. 그는 자신의 감정을 투사하며 김한숨 씨의 감정을 함부로 축소하고, 정서적 바운더리를 반복적으로 침해한 것입니다.

세 번째는 '지적 바운더리'입니다. 이는 개인의 의견, 생각을 무시하는 형태입니다. 당신이 말을 하는 도중 누군가 말을 끊었는데, 그 의도가 당신을 무시하기 위함이었다면 지적 바운더리의 침해에 해당합니다. 서로의 의견이 일치하지 않는다고 타인을 조롱하거나 무시할 수는 없습니다.

네 번째는 '물질적 바운더리'입니다. 당신이 소유한 돈, 옷, 차 등을 마치 자신의 물건처럼 사용하는 사람들이 있습니다. 당신의 물건을 함부로 사용하거나 빌리고 돌려주지 않습니다. 상대방에게 돌려 달라고 말하면 그는 당신을 소심한 사람으로 만듭니다. 이는 물질적 바운더리의 침해에 해당합니다.

다섯 번째는 '시간적 바운더리'입니다. 이는 당신의 시간을 상대방이 자신의 시간처럼 사용하는 상황을 말합니다. 야근을 무리하게 강요하거나 자신의 업무를 과도하게 떠넘기는 경우가 시간적 바운더리 침해에 해당합니다. 상대방이 불편해하는데도 대화를 지속하려는 행동도 시간적 바운더리를 침해하는 것입니다.

바운더리가 침해된 상황이 익숙한 사람들은 상대방의 부적절한 행동을 당연하게 받아들일 수 있습니다. 회사에서 힘든 하루를 보낸 당신은 집에 가서 쉬고 싶은 마음뿐입니다. 하지만 당신의 친구는 애인과 다퉜다면서 만나자고 합니다. 당신이 거절했음에도 친구는 동네에서 기다리고 있습니다. 당신의 피곤한 기색을 알아챈 친구는 당신에게 "나는 네가 힘들다고 해서 일부러 집 앞까지 와서 기다리고 있었어. 너 때문에 너희 동네까지 왔는데 넌 너만 생각해?"라고 말한다면, 이 상황에서 어떻게 반응하겠습니까?

당신이 피곤함과 쉬고 싶은 욕구를 분명히 전달했음에도 당신의 친구는 자신의 욕구만을 우선시합니다. 이 경우 당신은 친구에게 정서적 및 시간적 바운더리를 침해당한 것입니다.

나르시시스트는 상대방의 바운더리를 중요하게 여기지 않습니다. 공감 능력이 부족하기 때문에 상대방이 힘들어하는 상황보다 자신의 욕구를 더 중요하게 여깁니다. 또한, "나는 널 위해 이 정도도 했어."라고 말하면서 상대방을 정서적으로 조종하고, 상대방의 감정을 통제합니다. 이때 바운더리를 인식하지 못하고 '내가 너무 나만 생각하고 예민했나?' 혹은 '나를 위해서 친구가 이렇게까지 했는데…'라는 생각을 한다면, 스스로 자신의 바운더리를 허무는 것입니다.

당신이 자신의 욕구를 상대방에게 충분히 전달했음에도 바운더리가 무시되었다면, 다시 바운더리를 설정하고 당신의 욕구를 명확히 전달해야 합니다.

그러나 아쉽게도 나르시시스트는 당신의 바운더리를 인정하지 않을 것입니다. 이를 위해 지금까지 당신이 어떤 바운더리를 침해당했는지 떠올려야 합니다. 그리고 지금부터라도 그들과의 관계에서 바운더리를 설정하고 '단호하게' 말하는 연습을 해야 합니다. 그러나 이들은 자신의 잘못을 쉽게 인정하지 않는다는 것을 명심해야 합니다. 긴 대화는 좋은 방법이 아닙니다. 짧게 대화하면서 당신의 안전을 위협하는 일들은 메모하고 기록해야 합니다.

관/계/회/복/노/트

건강한 바운더리는 자신을 보호하고 타인과의 관계에서 균형을 유지하는 데 필수입니다. 바운더리를 이해하는 것만으로도 자신을 보호하는 데 도움이 됩니다.

❶ 당신이 생각하는 좋은 관계의 본질은 무엇인가요? 좋은 관계에서 말과 행동은 어때야 할까요?

---

❷ 자신의 인간관계 바운더리는 어디에 해당한다고 생각하나요? 그 이유는 무엇인가요?

- ☐ 느슨한 바운더리
- ☐ 엄격한 바운더리
- ☐ 유연한 바운더리

❸ 바운더리의 각 영역에서 침해당한 경우가 있다면 상황을 작성해 주세요.

① 신체적·성적 바운더리

---

② 정서적 바운더리

---

③ 지적 바운더리

④ 물질적 바운더리

⑤ 시간적 바운더리

④ 바운더리를 침해당할 때 어떻게 대처할 수 있을까요?

⑤ 유연한 바운더리를 설정하는 것은 당신의 삶에 어떤 긍정적인 변화를 가져올까요?

자극과 반응 사이,
멈춤의 기술

그들은 변하지 않는다는 사실을 이제 우리는 알고 있습니다. 나르시시스트와 대화를 나눌 때는 억울하고 분통이 터집니다. 그들의 말에 대응해 봤자 아무런 의미가 없다는 것을 알면서도 자꾸 반응하게 됩니다. 괴롭힘 앞에서 억울함을 말하고 싶은 마음은 어쩌면 자연스러운 일입니다. 하지만 어떤 사람들은 감정을 밖으로 드러내는 대신 마음속으로 삭이기도 합니다.

　나르시시스트와의 관계에서 각자 다른 방식으로 반응하게 되는 것입니다. 당신은 지금까지 나르시시스트와의 관계에서 어떤 반응을 보였나요? 또는 일상 속 불편한 상황에서 어떤 방식으로 반응해 왔는지 돌아보면 좋겠습니다. 인간관계에서 경험하는 상황과는 다를 수 있지만 대부분 일관된 행동 패턴을 보입니다.

먼저 자신을 아는 것이 중요합니다. MBTI나 TCI 기질 성격 검사, 성격 5요인 검사 등 다양한 심리 진단 도구를 통해 우리는 자신을 이해할 필요가 있습니다. 물론 자기보고식 진단의 맹점은 자기 이해가 충분히 선행되지 않으면 결과가 정확하게 나오지 않는다는 것입니다. 이러한 상황을 대비해 심리 상담사 등 전문가의 도움을 받는 것도 좋습니다.

샤히다 아라비는 자신의 책 『유해한 관계로부터 나를 지키는 법』*에서 나르시시스트의 희생양이 되기 쉬운 MBTI 유형으로 공감과 직관 능력이 뛰어난 INFJ, INFP를 언급했습니다. 물론 특정 유형만이 표적이 되는 것은 아닙니다. 중요한 것은 자신을 먼저 이해하는 것이 나르시시스트와의 관계뿐만 아니라, 모든 인간관계에서 자신을 지키는 데 도움이 된다는 사실입니다.

당신의 반응은 무엇인가요?

회계팀 김참음 대리는 이직 후 신허세 대리와 갈등을 겪었지만, '좋

---

* 샤히다 아라비, 이시온 옮김, 『유해한 관계로부터 나를 지키는 법』, 문학동네, 2022

은 게 좋은 것!'이라는 생각으로 표현하지 않았습니다. 김참음 대리는 인간관계에서 갈등이 생기면 충동적으로 행동해 불편한 상황을 만들기보다는 혼자 생각하고 감정을 억누르는 것에 익숙한 편이었습니다.

다른 팀도 함께하는 어느 점심시간이었습니다. 신허세 대리는 "김참음 대리님, 데이터 정리 방식이 특이하던데요. 전 회사에서 이렇게 일한 거예요? 그 방식으로 일하면 별것도 아닌 일을 종일 붙잡고 있어야 하지 않아요?"라고 말했습니다. 김참음 대리는 당황스러웠습니다. 이때를 놓치지 않고 신허세 대리는 미묘한 웃음을 지으며 "제가 알려 줄게요. 별것도 아닌 일로 같은 팀 동료가 고생하는 걸 보고 있을 수는 없죠. 하하." 이 말에 김참음 대리는 얼굴이 빨개졌습니다. 사무실에 들어와서도 '별것도 아닌 일'이라는 말이 계속 떠올랐습니다. 그와 대화 후에는 알 수 없는 화가 올라왔습니다. 더욱이 다른 팀도 함께 있는 자리였기 때문에 당황해서 아무 말도 못한 자신이 답답했습니다. 이런 일은 비일비재했습니다. 신허세 대리는 항상 김참음 대리를 아랫사람처럼 대했습니다. 신허세 대리의 발언 강도는 더 거세지고, 빈도는 점점 높아졌습니다.

신허세 대리는 공개적인 자리에서 김참음 대리를 낮추면서 자신의 우월감을 표현합니다. "제가 알려 줄게요."라는 표현을 통해서 다른 사람들 앞에서는 좋은 사람인 척하는 위장된 공격성까지도 보입니다.

말이나 행동으로 속내를 잘 표현하지 않더라도 표정에서 드러나는 사람들이 있습니다. 이런 분들은 긴장되고 위축된 모습을 보이는 경향이 있습니다. 나르시시스트는 이런 반응을 즐기며 약점으로 활용합니다. 김참음 대리는 마음속으로 '내가 일하는 방식이 정말 잘못되었나?'라고 생각했을 수도 있습니다. 나르시시스트의 교묘한 말은 우리를 혼란스럽게 만듭니다.

반면, 자신의 의견을 피력해서 이 상황을 직면하고자 하는 성향의 사람도 있습니다. 이 경우 나르시시스트는 "나는 네가 조직에 잘 적응하길 바라는 좋은 마음이었는데."라는 말로 주변 사람을 동원해 간접 공격을 하는 등 피해자 코스프레를 할 수도 있습니다. 또는 더 강한 공격적 반응이 나타나기도 합니다. 자신의 정서적이고, 행동적인 반응 패턴을 확인해서 어떻게 대처할지 결정하기를 바랍니다.

자극과 반응 사이의 회색돌 얹기

신허세 대리와 김참음 대리의 사례에서, 김참음 대리는 자신이 업무에서 어떤 실수를 했는지 고민할 수 있습니다. 특히 매일 같이 마주하는 신허세 대리의 부정적인 말들은 김참음 대리의 내면에 점점 깊이 침투해 자신감을 약화시키고, '내가 부족해서 이 말을 들을 수 있어.'라는 '개인화'된 생각으로 이어질 수도 있습니다.

이를 극복하고 이해하기 위해서는 상황을 있는 그대로 바라보고, 왜곡된 생각을 교정하는 것이 중요합니다. 아론 벡Aaron Beck은 인지행동치료Cognitive Behavioral Therapy에서 A-B-C 구조를 설명했습니다.

- A(Activating Event): 선행 사건(상황)
- B(Belief): 자동적 생각, 신념
- C(Consequence): 결과로 나타나는 감정, 신체 감각, 행동

이 구조를 살펴보면 선행 사건(A)에 의해 우리의 생각(B)이 만들어지고, 생각은 결과(C)인 감정, 신체 감각, 행동으로 드러남을 알 수 있습니다. 이때 선행 사건(상황)을 사실과 다르게 해석해 비합리적으로 여기는 자동적인 생각의 패턴을 '인지적 왜곡'이라고 합니다.

인지적 왜곡은 다양하게 나타납니다. 우선 '개인화'는 근거가 없거나 적은 상황에도 문제의 원인을 자신에게 돌리는 경우입니다. 회사 경영이 악화되었을 때, 신입 사원이 자신이 일을 잘했다면 회사 경영이 악화되지 않았을 것이라고 생각하는 경우가 이에 해당합니다. 성과가 좋지 않은 조직의 리더가 "네가 제대로 하지 않아서 이런 결과가 나온거야!"라고 비난의 화살을 특정 개인에게 몰아붙이면 실제로 자신의 책임이 크지 않음에도 불구하고 특정된 사람

은 모든 문제의 원인을 자기 탓으로 돌리며 죄책감에 시달립니다.

둘째, '과도한 일반화'는 한 가지 또는 별개의 경험을 기반으로 결론을 내린 후 생각을 비논리적으로 확장하는 사고입니다. 업무에서 한 번의 실수 후 '나는 잘하는 것이 아무것도 없어.'라고 생각하는 경우가 이에 해당합니다. 나르시시스트 친구가 당신에게 "친구들이 다 너 때문에 힘들어하는 거 알지?" 또는 부탁을 거절했을 때 "너는 항상 널 먼저 생각하더라." 등의 말을 지속적으로 한다면 "나는 인간관계에 문제가 있는 사람이야.", "나는 좋은 친구가 될 수 없어." 등으로 자신을 과도한 일반화에 가두게 됩니다.

셋째, '독심술의 오류'는 상대방의 생각과 감정을 확인하지 않은 채, 자신의 생각을 바탕으로 상대의 마음을 읽고 확신하는 방식입니다. 회의 시간에 표정이 좋지 않은 리더를 보고 '내가 마음에 안 드는 것이 확실해.'라고 생각하는 방식입니다. 나르시시스트 연인이 당신을 말없이 무시하거나 갑작스럽게 분위기를 바꾸면 당신은 눈치를 살피며 "내가 뭘 잘못했지?", "분명 내가 실수해서 저러는 거야." 하며 독심술의 오류를 범합니다.

넷째, '예언자의 오류'는 미래에 일어날 일을 충분한 근거 없이 부정적으로 예측하고 확신하는 방식입니다. 중요한 발표를 앞두고, '나는 발표를 망칠 거야.'처럼 생각하는 것입니다. 나르시시스트와의 관계로 고통받은 후에 '나는 이제 앞으로 좋은 사람을 만날 수 없어'라고 생각하는 것도 비슷한 맥락입니다.

이 외에도 이분법적으로 사고하는 '흑백논리'와 '반드시 ~해야 한다.'라고 사고하는 '당위적 사고' 등의 인지적 왜곡이 있습니다. 이러한 인지적 왜곡을 살펴보면, 우리의 사고방식이 어떻게 비합리적으로 작용할 수 있는지를 깨닫게 됩니다.

A-B-C 구조를 작성하면 자신의 생각이 합리적인지 비합리적인지 객관적으로 알 수 있습니다.

- 사건 Activating Event
  - 다른 팀도 함께하는 점심시간, 신허세 대리가 나의 데이터 정리 방식을 두고 업무 소요 시간이 길어질 것이라고 공개적으로 말함
- 생각 Belief
  - '동료들이 나를 무능하다고 생각할 거야.'
  - '내 실력이 부족해 일을 오래 붙잡고 있는 것일 수도 있어.'
- 결과 Consequence
  - 감정: 당황, 수치심, 분노
  - 감각: 얼굴이 빨개짐
  - 행동: 아무 말도 하지 못함

김참음 대리의 자동적 생각(B)에 의문을 가지고 이것이 객관적인지 검증하는 질문을 해 본다면 상황을 현실적으로 바라볼 수 있

습니다. 자동적 생각을 두고 "이 생각은 사실인가?", "또 다른 이유는 없는가?" 하고 질문하는 것입니다. 질문에 "내가 부족해도 같은 대리 직급에서 이런 피드백은 부당하다.", "업무 소요 시간은 주관적이며 특정 상황으로 전체를 판단할 수 없다.", "업무 방식은 사람마다 다를 수 있다.", "신허세 대리의 발언은 단지 한 명의 의견일 뿐이다."와 같은 다양한 답변을 고려할 수 있습니다. 즉, 이러한 과정을 통해 스스로가 하는 생각이 비합리적임을 깨닫는 것입니다.

이러한 사고의 전환은 김참음 대리가 스스로 비난하는 악순환에서 벗어나 신허세 대리, 즉 나르시시스트의 행동에 대처하는 힘을 만들어 줍니다. 단단해진 내 안의 믿음에 힘을 싣고 상황을 있는 그대로 바라보고 나르시시스트 반응에 동요하지 않고, 이렇게 대답하길 바랍니다.

"네, 참고하겠습니다."

이처럼 감정에 동요하지 않고 단조롭게 대답하는 방식을 '회색돌Grey Rock 기법'이라고 합니다. 겉으로 회색돌처럼 무덤덤한 모습을 보이면서 나르시시스트가 당신에게 흥미를 잃게 만드는 전략입니다. 나르시시스트는 다른 사람을 통해 자신의 우월성, 자존감을 높이기 때문에 여기에 반응하지 않아야 합니다. 중립적인 표정과 반응을 유지해 상대의 감정을 자극하지 않으며, 대화는 단답형으로 최소화하고, 개인적인 대화를 나누거나 추가적인 변명을 하지 않는 것도 중요합니다.

A-B-C 구조에서 객관적 상황(A)만을 가지고 최소한의 대화만 하길 바랍니다. 결과(C)의 대처 기술을 몇 가지 만드는 것도 중요합니다.

1. 어떻게 말(비언어적 메시지 포함)할 것인가?
2. 어떻게 행동할 것인가?
3. 어떻게 경계를 설정할 것인가?
4. 그들의 돌발 언행에 순간 나의 마음 챙김을 어떻게 할 것인가?

소중한 일상의 시작 '당신 잘못이 아닙니다'

즐거워야 하는 일상이 나르시시스트로 인해 무너지면서 과거에 대한 후회를 반복하고 있다면 자신에게 말해 주세요. '당신 잘못이 아닙니다.' 자신에게 반복적으로 말해 줬으면 합니다.

그 사람이, 그 친구가, 당신의 부모가, 남편이, 아내가 그럴 것이라고는 예상하지 못했던 일입니다. 다만 지금 선택할 수 있는 것은 그들과 거리를 두고 일상을 회복하는 것입니다. 나의 일상을 회복하는 것에 중심을 두길 바랍니다. 도움이 필요하다면 전문가나 경찰에게 손을 뻗길 바랍니다. 당신은 참 소중한 사람입니다.

관/계/회/복/노/트

왜곡된 생각을 교정하는 A-B-C 구조를 작성하면 자신의 생각이 합리적인지 비합리적인지 객관적으로 알 수 있습니다.

❶ 나르시시스트와의 대화에서 자신의 반응 패턴은 무엇인가요?

- ☐ 침묵
- ☐ 과도한 설명
- ☐ 회피
- ☐ 자책
- ☐ 감정 폭발
- ☐ 그 외 나만의 반응

❷ 인지행동의 A-B-C 구조로 사고 분석을 해 보세요.

사건(Activating Event)

___

생각(Belief)

___

결과(Consequence)

감정:

_____

감각:

_____

행동:

_____

❸ 사고의 검증 질문을 해 보세요.

① 이 생각은 사실인가요?

_____

② 다른 가능한 해석, 이유는 무엇인가요?

_____

❹ 지금의 대처 반응 외에 다른 대처 반응은 무엇이 있을까요?

❺ 회색돌 기법으로 상황 설정 연습 방법의 대처 반응을 만들어 보세요.

　말: 네, 참고하겠습니다.
　행동: 단답형 대답 / 무표정 유지 / 해명 금지 / 자리 떠남 / 증거 기록 등

❻ 그들의 돌발 언행에 대응하는 나의 마음 챙김 방법을 생각해 보세요.

❼ 도움이 필요하다면 누구에게 도움을 요청하겠습니까?

도와주기 중독에서 벗어나는
거절 기법

나르시시스트와 갈등 상황에 놓이면 대체로 '당신의 문제', '전적으로 네 탓'으로 마무리됩니다. 이를 해결하기 위해 문자, 전화 등의 연락을 시도해도 그들은 연락을 받지 않으며 대화 자리가 마련되어도 무표정하게 응시할 뿐, 당신의 말을 흘려듣고 무시하는 반응을 보입니다. 감정이 격앙되는 순간, "왜 나한테 화를 내는 거야?"라는 말로 상황을 뒤집으며 당신의 문제로 상황이 역전됩니다. 당신도 순간적으로 화를 낸 것이 미안하고, 감정을 재촉한 것만 같다는 생각이 들어 혼란스러워집니다. 그들은 문제의 본질이 아닌, 당신의 반응에 초점을 맞추며 죄책감을 심습니다. 이런 갈등 상황이 일반적이지 않다는 것을 알고 있지만 나르시시스트와의 관계에 놓이면 이를 인식하기 쉽지 않습니다. 일반적인 갈등 상황과 비교해 보면, 나르시시스트의 반응이 얼마나 왜곡되어 있는지 분명히 알 수 있습니다.

갈등 상황을 다루는 다섯 가지 방법

케네스 토마스Kenneth Thomas와 랠프 킬만Ralph Kilmann이 공동으로 개발한 '토마스 킬만 갈등 관리 모델'은 갈등 상황에서 개인이 취할 수 있는 다섯 가지 유형을 제시합니다. 이 모델은 자신의 목표를 주장하는 '자기 주장성'과 상대방의 목표를 중요하게 생각하는 '협력성'이라는 두 가지 축을 기반으로 갈등 관리 유형을 회피, 경쟁, 타협, 수용, 협력으로 분류합니다.

첫째, '회피 유형'은 자신의 목표와 상대방의 목표에 모두 비협력적인 태도로, 갈등 상황에서 문제를 직면하지 않고 회피하거나 무시하는 방식입니다. 이 방식은 사소한 문제나 당장 해결이 필요하지 않은 상황, 감정이 고조되어 있는 상황에서는 적합할 수 있습니다. 하지만 근본적인 문제 해결에는 어려움이 있습니다. 당장 해결할 수 있는 갈등도 피하기 때문에 시간이 지나 상황이 악화될 가능성도 있습니다. 이에 일반적인 회피라는 용어보다는 '일시적인 회피'로 생각하면 좋습니다.

둘째, '경쟁 유형'은 자신의 목표를 달성하기 위해 상대방의 목표나 욕구를 희생시키는 방식입니다. 이는 단순히 화를 내거나 떼를 쓰는 행동이 아니라, 빠른 의사 결정이 필요하거나 중요한 가치를 지켜야 하는 상황에서 사용하는 방식입니다. 그러나 이 방식은 상대방의 목표를 좌절시키는 결과를 초래할 수 있으며, 상대방이 관계에서 무력감을 느낄 가능성을 높입니다. 관계가 악화되거나 갈등이 심화될 위험도 내포하고 있습니다.

셋째, '타협 유형'은 서로가 조금씩 양보해 중간 지점을 찾는 방식입니다. 양측 모두 어느 정도 만족할 수 있다는 장점이 있지만, 완전한 만족을 주지 못할 가능성도 있습니다. 시간의 자원이 제한적일 때 주로 쓰입니다.

넷째, '수용 유형'은 자신의 목표를 양보하고 상대방의 요구 상황을 들어주는 방식입니다. 관계 유지와 조화를 중시하는 상황에서 효과적이지만, 계속해서 자신의 욕구가 무시되면 불만이 쌓일 수 있습니다. 상대방의 목표(욕구)가 더 중요하거나 관계의 조화와 안정성을 추구할 때 사용합니다.

다섯째, '협력 유형'은 양측의 목표를 모두 만족시킬 수 있는 제3의 해결책을 찾는 방식입니다. 이를 잘 설명하는 예로 지혜로운 어머니의 이야기를 들 수 있습니다. 두 아들이 오렌지를 두고 다투자 어머니는 두 아이의 욕구를 경청했습니다. 큰아들은 그림을 그리기 위해 오렌지가 필요했고, 작은아들은 오렌지를 먹고 싶어 했습니다. 어머니는 이 욕구를 바탕으로 큰아들이 그림을 그리고 난 뒤 오렌지를 작은아들에게 주도록 하여 두 아이의 욕구를 모두 충족시켰습니다. 이처럼 협력 유형은 각자의 필요를 충족시키는 해결 방식을 추구합니다. 이는 갈등을 근본적으로 해결하고 양측 모두에게 이익이 되는 윈윈(win-win) 전략으로, 이상적인 방식이라 할 수 있습니다. 다만, 이러한 협력형 접근법은 많은 시간과 에너지가 필요하며, 양측의 이해관계가 모두 중요할 때 효과적으로 활용됩니다.

다섯 가지 갈등 관리 유형 중에서 당신은 주로 어떤 유형으로 갈등에 대처하고 있나요? 그리고 어떤 유형이 긍정적으로 보이고, 또 어떤 유형이 부정적으로 보이나요? '최적의 유형'은 없습니다. 만일 가족 내에 자신의 주장만 강하게 펼치는 '경쟁 유형'을 사용하는 아버지가 있다면, 가족들은 언제나 자신의 욕구를 포기하는 양보형 또는 회피형의 모습을 보이기 쉽습니다. 갈등의 유형은 상황에 맞춰 적재적소에 사용하는 유연한 태도가 필요합니다. 경쟁형은 자신의 주장이 상황적으로 더 도움이 되고 효과적일 때 사용하고 일시적 회피형은 감정이 격해진 상황에서 잠시 멈출 때 사용합니다. 타협형은 서로의 의견 차이를 좁히기 어려운 상황에 적합하고, 수용형은 상대방의 욕구를 들어주면서 신뢰를 회복하는 데 도움이 됩니다. 협력형은 서로의 욕구를 충족하기 위한 방법으로 서로 대화를 통해 문제를 해결하는 가장 이상적인 갈등 해결 방법입니다. 이

유형을 알맞게 잘 사용하는 사람들이 갈등에 유연하게 대처합니다.

건강한 관계에서는 한 명의 욕구만 일방적으로 충족되지 않습니다. 갈등에 슬기롭게 대처하는 것은 갈등을 '이기고 지는' 이분법적 관점으로 바라보지 않는 태도에 기초합니다. 한 사람과 좋은 관계를 지속적으로 맺기 위해 서로 조화를 이루는 방식으로 갈등을 해결하려 노력하고, 관계를 미래 지향적으로 바라봅니다. 갈등이 고조되어도 상대방에게 상처를 주지 않고, 실수로 상처 주는 말을 해도 진심이 담긴 사과와 용서의 말로 관계를 회복하고 유지하려고 노력합니다. 대부분의 사람들은 갈등 상황에서 극단으로 치우치지 않고 균형을 유지하기 위해 애를 씁니다.

그러나 나르시시스트와의 갈등은 다릅니다. 그들은 갈등을 '조율'이 아닌, '지배'와 '통제'로 이용합니다. 상대방의 감정을 조정하면서 자신의 우월감을 강화할 뿐입니다.

나르시시스트는 갈등 상황에서 여전히 '나'만 중요합니다

김상심 씨는 남자 친구 박자만 씨가 자신의 이야기를 귀담아듣지 않는 태도에 속상했습니다. 같은 공간에 있어도 혼자 있는 것 같았고, 박자만 씨의 말 속에 자신을 탓하는 표현이 반복되면서 자신감도 점점 잃어 갔습니다. 이러한 문제를 개선하고자 김상심 씨는 박자만 씨에게 솔직하게 마음을 털어놓았습니다. "대화할 때 내 이야기에 집중해 주지 않아서 속상해. 내 말에도 귀를 기울이면 좋겠어." 그러자 박자만 씨는 "내가 네 말을 전부 다 귀담아들어야 하는 거야? 속상한 감정은 네가 알아서 해결해야지. 왜 나한테 말하는 거야? 이런 게 싫으면 대화를 하지 마."라며 냉담하게 반응했습니다. 김상심 씨는 박자만 씨의 이런 반응에 더 이상 충격을 받지 않을 정도로 익숙해져 있었지만, 박자만 씨의 차가운 표정은 마음에 깊이 남았습니다. 박자만 씨와의 여행에서 크게 다툰 날도 마찬가지였습니다. 박자만 씨는 김상심 씨의 감정을 위로해 주기는커녕 다툼 이후 바로 "나 잔다."라고 말하고 방으로 들어갔습니다. 김상심 씨는 혼자 덩그러니 남겨져야 했습니다. 박자만 씨는 감정이 불편해지면 크게 화를 내거나 아무렇지 않은 듯 냉담한 태도를 보이며 그 자리를 피하는 일이 잦았습니다. 김상심 씨는 자신의 문제로 인식하며 '내가 표현하지 않았더라면 남자 친구가 화내는 일도 없었을 텐데.'라며 스스로를 탓하는 일에 익숙해졌습니다.

갈등 상황에서는 서로의 감정과 욕구를 조율해 나가는 과정이 필요합니다. 하지만 나르시시스트는 갈등 상황을 '나' 중심으로 왜곡해 바라보니, 자신이 공격받고 있다고 생각합니다. 이들은 비난과 공격, 투사, 회피, 무시, 가스라이팅 등의 방식을 통해 상황을 처리하려고 합니다.

감정 코칭 분야의 세계적인 권위자 존 가트맨 박사는 저서 『행복한 커플은 어떻게 싸우는가』에서 싸움이 시작된 이후 첫 3분의 상황을 관찰하면, 해당 부부의 이혼 가능성을 97%의 정확도로 예측할 수 있고, 6년 후의 관계 상태도 예측할 수 있다고 말합니다. 존 가트맨 박사는 '관계를 망치는 네 가지 독'으로 비난, 경멸, 담쌓기, 방어를 말합니다. 담쌓기는 상대방을 향한 마음의 문을 닫고 상대방과의 소통을 단절한 채 아무 반응도 하지 않는 것을 의미합니다.* 이 방식은 상대방을 가장 고통스럽게 만듭니다. 한 공간에서 다툼이 벌어졌을 때 비언어적 메시지인 눈동자나 표정으로 당신을 경멸하며 바라보는 것을 느낄 수 있습니다. 갈등 해결의 중요한 요소는 '공감적 이해'입니다. 나르시시스트에게 공감과 이해의 능력은 기대할 수 없습니다.

일반적인 사람들은 관계에서 어려움을 맞닥뜨리면 갈등을 함께 해결하려고 노력합니다. 그러나 나르시시스트의 피해자는 갈등을 혼자 해결해야 하는 상황에 놓이는 경우가 많으며, 가스라이팅의 영향으로 문제의 원인을 자신에게서 찾게 됩니다. 나르시시스트와의 관계에서 갈등을 겪는 사람들은 자책에 빠지고, 이는 결국 자존감의 하락으로 이어집니다. 낮아진 자존감으로 나르시시스트는 상

---

* 존 가트맨, 줄리 슈워츠 가트맨, 정미나 옮김, 『행복한 커플은 어떻게 싸우는가』, 해냄, 2024

대방을 더 쉽게 조종할 수 있습니다.

　다툼 이후에 마치 아무 일도 없었던 것처럼 당신에게 다가오는 행동은 상대방이 당신의 감정을 무시하고 존중하지 않고 있다는 증거입니다. 만약 당신이 그런 상대방을 받아들인다면, 이는 그들의 나르시시즘을 충족시키는 행동이 될 수 있습니다. 이때 상대방은 속으로 '나처럼 멋진 사람이 널 만나 주는데, 네가 감히 날 떠날 수 있을까?'라는 생각을 하고 있을 가능성이 큽니다.

　이런 관계가 지속되면 당신은 '카산드라 증후군'을 겪게 될 수 있습니다. 이 증후군은 그리스 로마 신화에 등장하는 트로이 공주 '카산드라'에게서 유래되었습니다. 카산드라에게 예언의 능력을 준 아폴론은 그녀가 자신의 구애를 거절하자 분노해 그녀에게 '아무도 그녀의 예언을 믿지 않는 저주'를 내렸습니다. 카산드라는 트로이 목마로 트로이가 멸망할 것이라고 예언했지만 그녀는 누구의 믿음도 얻지 못했습니다. 자신의 말이 상대에게 닿지 않는 것은 고립을 의미합니다. 고립된 관계에서 사람들은 불안과 우울을 경험합니다. 이처럼 카산드라 증후군은 자신이 중요하게 여기는 상대방이 공감 능력이 결핍된 나르시시스트일 때 흔히 발생하는 심리적 고통을 가리킵니다. 상대방이 자신의 의견을 무시하거나 정서적으로 무관심하게 대응할 경우, 우울감, 의욕 상실, 정체성 혼란, 두통, 만성 피로 등 심신의 고통을 경험할 수 있습니다. 상대방의 행동을 받아들이기보다 자신의 감정과 존엄성을 지키길 바랍니다.

나를 지키는 단호한 거절 방법

나르시시스트와의 갈등에서 당신이 해야 할 일은 관계를 끊어 내는 것입니다. 그들이 당신에게 다시 찾아오는 것은 당신을 사랑해서가 아닙니다. 자기애적 공급원이 필요하기 때문입니다. 일반적인 갈등 상황에서는 '토마스 킬만 갈등 관리 모델'이 도움되지만, 나르시시스트는 아닙니다. 그들과의 다툼이 발생하면 회색돌 기법을 사용하고 관계를 정리하길 바랍니다.

만일 연인이나 친구가 아닌 회사처럼 공적인 관계로 매일 마주해야 한다면, 나르시시스트가 도움을 요청할 때 단호하게 '거절'을 선택해야 합니다. 그러나 나르시시스트는 거절에 민감하기 때문에 자신이 거부당했다고 느끼면 분노하거나 복수를 계획할 가능성이 있습니다. 따라서 조심스럽지만 단호하게 거절하는 연습이 필요합니다.

거절했을 때 나르시시스트는 첫 번째로 분노의 반응을 보이거나 침묵의 벌로 당신을 불편하게 할 수 있습니다. 두 번째로 당신의 정서를 조작하면서 문제를 당신에게 돌릴 것입니다. 마지막으로 당신의 거절을 무시하고 계속된 요구를 할 수 있습니다. 집으로 찾아오거나 주변인을 회유하는 등 연락을 시도하면서 도리어 당신을 문제 있는 사람으로 만들 수 있습니다. 거절에 대한 나르시시스트의 반응을 미리 생각해 보고 이미지 트레이닝을 하면서 감정의 동요가 일어나지 않도록 마음을 다잡아 두길 바랍니다.

특히, 갈등을 회피하거나 수용하는 유형의 사람은 거절이 어려울 수 있으니, 거울을 보며 연습하는 것도 도움이 됩니다. 평소 자신의 말투가 자신감이 없어 보인다면 말투를 교정하는 것 역시 도움이 됩니다. 말끝을 흐리지 않고, 당당하되 감정을 섞지 않고 말하길 바랍니다. 거절할 때, 증거를 확보하는 것도 중요합니다.

바바라 베르크한은 저서 『도대체 왜 그렇게 말해요?』에서는 막말에 대응하는 전략으로 3단계 문장 거절 방법을 설명합니다.* "첫 번째 문장에서는 상대방에게 일부러 긍정적인 말을 한다. 두 번째 문장에서는 그 상황에서 당신이 결정권을 가지고 있다는 사실을 확고하게 전달한다. 세 번째 문장에서는 상대방이 당신을 도우려 했다는 의도에 감사를 표현한다."

1단계와 3단계는 상대방의 열등감을 자극하지 않기 위한 부드러운 표현입니다. 만약 나르시시스트 동료가 개인적인 부탁을 해 온다면 3단계 전략을 활용해 정중하지만 단호하게 거절할 수 있습니다.

"(1단계) 대리님, 저를 믿고 도움을 요청해 주셔서 감사합니다. (2단계) 하지만 업무 시간 동안 개인적인 심부름을 요청하는 건 적

---

* 바바라 베르크한, 강민경 옮김, 『도대체 왜 그렇게 말해요?』, 가나출판사, 2018

절하지 않다고 생각합니다. (3단계) 앞으로 서로 도울 수 있는 건강한 동료 관계를 유지하면 좋겠습니다."

이처럼 정중하지만 명확하게 거절하는 방법을 시작으로 나르시시스트 동료와 서서히 멀어질 수 있습니다. 이 방법 역시 모든 나르시시스트에게 적용할 수는 없습니다.

소통이란 단순히 정보를 전달하는 것이 아닙니다. 생각, 감정, 가치관을 공유하며 서로를 이해하는 과정입니다. 당신이 나르시시스트와의 관계 속에서 소통으로 고통받지 않기를 바랍니다. 나르시시스트와 관계를 맺는 일은 거절하는 방법을 학습해야 하는 일, 상대방의 행동에 노심초사하는 일상을 살아가야 하는 일입니다. 외줄타기 하는 관계의 불안함에서 벗어나 편안하고 사랑을 주고받는 관계를 맺길 바랍니다.

관/계/회/복/노/트

갈등 상황에서는 서로의 감정과 욕구를 조율해 나가는 과정이 필요합니다. 그러나 상대가 나르시시스트인 경우, 당신이 가장 먼저 해야 할 일은 조율이 아닌 '관계의 거리 두기'입니다.

❶ 당신의 갈등 유형은 주로 어떤 패턴인가요?

❷ 다툼, 갈등 상황에서 상대는 주로 어떤 행동 패턴을 보이나요?

❸ 관계를 망치는 네 가지 독(비난, 경멸, 담쌓기, 방어) 중 어떤 행동을 하고 있나요? 다른 행동 패턴이 있다면 적어 보세요.

❹ 이때 당신 스스로에 대해서 어떤 생각을 하고 있나요?

⑤ 거절을 할 차례입니다. 3단계 전략에 맞춰 작성하고 읽어 보세요.

1단계:

2단계:

3단계:

⑥ 지금의 감정은 어떤가요? 여유로운 마음을 유지하면서 상대방에게 말할 수 있는 방법은 무엇이 있을까요?

나를 희생시키는 구원 환상, 이제는 놓아줄 때

그들은 변하지 않습니다. '사람은 고쳐 쓰는 것이 아니다.'라는 말에 저는 깊이 공감합니다. 자신과의 관계에서 문제가 되거나 불편한 점이 있을 때 상대방이 변하기를 바라지만, 이는 마음대로 되지 않습니다. 결국 나르시시스트를 통제할 수 없으니 나를 조율하고 통제해야 합니다. 상대를 있는 그대로 수용하거나, 이별 또는 거리두기를 통해 관계의 방향을 새롭게 설정해야 합니다. 그러나 때로는 상대를 바꾸거나 고치겠다는 생각, 즉 '구원 환상'에 사로잡힙니다. 구원 환상은 우리가 상대의 문제를 해결하고 변화시킬 수 있다는 믿음에서 비롯됩니다. '내가 조금만 더 잘한다면, 우리 관계가 좋아지지 않을까?', '지금은 일이 잘 풀리지 않아서 나에게 툴툴대는 거니깐, 내가 더 이해해 주자.' 등의 말을 하면서 상대를 이해하려고 합니다. 이런 이해의 기반은 상대가 변할 것이라는 믿음에서 시작합니다.

하지만 상대는 만만치 않은 나르시시스트입니다. 자신과의 관계 개선을 위해 애쓰는 당신을 보면 일반적인 사람들은 당신의 희생을 고마워하겠지만, 나르시시스트의 관점은 다릅니다. 우월감과 특권 의식에 사로잡혀 상대의 희생을 당연한 것이라고 여깁니다. '내가 너하고 있어 주는 것을 감사해하고, 나에게 더 복종해!'라는 메시지를 줍니다.

나르시시스트가 좋아진다고 느껴질 때는 상황이 좋을 때입니다. 회사에서 승진하거나, 주변 사람들에게 인정과 찬사를 받는 순간일 뿐입니다. 그가 변했다고 착각하지 않길 바랍니다.

당신이 우선입니다

우리는 아픈 사람이나 힘든 사람을 보면 자연스럽게 도와주고 싶은 마음이 듭니다. 누군가의 도움을 통해 그들이 변화하는 모습을 보면 진심으로 기쁨을 느낍니다. 변화가 가능하기 위해서는 '변화하려는 본인의 간절한 의지'가 반드시 필요합니다. 그들은 스스로 변화를 원하며, 도움을 주는 사람들의 마음을 헤아리고 변화의 의지를 굳세게 다집니다. 반면, 나르시시스트는 자신의 문제점을 인식하지 못합니다. 자기 인식이 부족하니 변화는 어려울 수밖에 없습니다. 변화는 '문제를 인식하고 인정하는 것'에서부터 시작되기 때문입니다.

몇 해 전, 남편의 손에 이끌려 상담실에 온 아내분이 있었습니다. 부부 상담을 진행하기 전에 남편과 아내의 개인 상담을 진행했는데, 아내는 상담에 대한 의지를 전혀 보이지 않았습니다. 상담 내내 "저는 문제가 없어요. 남편 때문에 어쩔 수 없이 온 겁니다."라는 말을 반복하며, 배우자가 자신 때문에 힘들어하고 있다는 점을 이해하려 하지 않았습니다. 결국 아내의 상담은 3회기 만에 종료되었고, 이후 남편은 지속적인 상담을 이어 갔습니다.

나르시시스트는 자기애적 공급원을 붙잡아 두기 위해 상담실에 오거나, 잠깐의 변화를 보여 주는 척하기도 합니다. "널 위해 이만큼 노력했으니, 이제 당신이 노력할 차례야."라며 의기양양한 태도를 보입니다. 그들의 이런 모습을 보면서 당신은 "내가 조금만 더 참고 견디면 상대가 변할 거야."라는 헛된 희망을 품고 있을지도 모릅니다. 하지만 이 기대는 나르시시스트의 본질적인 특성을 간과한 착각일 수 있습니다.

회사에서도 늘 폭군 같던 상사가 인사팀으로부터 부정적인 피드백을 받은 뒤, 자신의 자리를 지키기 위해 동료에게 밥을 사거나 긍정적인 말을 건네기도 합니다. 어떤 동료는 이를 보고 폭군 같던 상사가 변할 것이라 착각하기도 합니다. 하지만 이런 행동은 단지 그 순간을 모면하기 위한 술책에 불과합니다.

스스로 변화의 의지가 없는 사람에게 변화는 일어나지 않습니다. 지금 당신이 해야 할 일은 당신을 힘들게 하는 사람과 최대한 거리를 두고 자신을 보호하는 것입니다. 나르시시스트로 인해 고통을 경험했다면, 가장 먼저 해야 할 일은 자신을 회복시키는 것입니다. 나르시시스트를 구원하려는 환상에 사로잡혀 있다면, 기록을 시작해 보길 바랍니다. 상대방이 당신에게 가한 언어적 또는 물리적 폭력, 투사, 가스라이팅, 그리고 후버링의 방식을 구체적으로 적어 보는 것이 좋습니다.

기록한 내용을 제3자의 입장에서 읽으며 스스로에게 질문해 보는 것입니다. "이 관계에 머무는 것이 내 미래에 도움이 될까?", 혹시 "내가 떠나면 이 사람이 영원히 혼자일 것 같아서 불쌍하다." 같은 이유로 떠나지 못하겠다면, 다시 한번 그 생각이 자신에게 어떤 영향을 미치는지 객관적으로 살펴보길 바랍니다. 당신이 먼저입니다.

관/계/회/복/노/트

나르시시스트를 구원하려는 환상에 사로잡혀 있다면, 지금부터 그 상황과 마음을 기록해 보세요.

❶ 나르시시스트와의 관계에서 고통스러웠던 경험을 기록해 주세요. 또한, 그는 어떤 후버링을 사용했나요?

❷ 당신은 지금까지 나르시시스트를 구원하려는 마음, '구원 환상'에 사로잡혀 있었나요? 나르시시스트가 '변할 수 있다'고 믿었던 이유(말, 행동 등)는 무엇이었나요?

❸ 기록된 내용을 제3자의 입장에서 보고, 스스로에게 어떤 말(충고, 조언도 좋음)을 전하고 싶은지 적어 보세요.

❹ 이 관계에 머무는 것이 당신의 미래에 도움이 될까요?

___

❺ 만일, 관계를 정리한다면 당신은 어떤 삶을 살 것이라고 예상하나요?

___

❻ 이제, 당신 스스로를 보호하고 회복하기 위해 먼저 해야 할 일은 무엇인가요? 구체적인 행동 계획이나 다짐을 적어 보세요.

___

4장

상처 입은 나 돌보기

당신 잘못이 아닙니다

지금 일어난 문제의 원인을 과거에서 찾는 경우가 있습니다. 힘든 자신을 더 힘들게 하는 말은 "만약에 ~하지 않았더라면"입니다. "만약에 내가 입사하지 않았더라면", "만약에 내가 그 사람을 만나지 않았더라면" 지나간 과거를 두고 자책하는 것입니다. 당시 그 선택은 최선이었고, 결과는 알지 못할 미래의 일이었을 뿐입니다. 흔히 말하는 길을 가다가 오물을 밟은 것입니다. 이제 그 오물을 씻어 내고, 새로운 신발로 갈아 신고 나를 위해 나아가는 길을 선택해야 합니다. 당신이 나르시시스트와의 관계에서 받은 상처는 치유할 일이지, 자신을 원망하고 탓할 일이 아닙니다. 결코 당신의 잘못이 아닙니다.

임상심리학자 한수정의 저서 『자기애성 성격장애』에서 인지행동론의 아론 벡은 자기애적 성격 장애의 인지도식을 아래와 같이 정리하며, 나르시시스트는 아래의 내용에 대한 생각이 마음 깊이 자리 잡고 있다고 설명합니다. 이러한 신념은 의식적인 것은 아니지만 마음속 깊이 뿌리내리고 있어 순간적으로 떠오르는 생각에 영향을 줍니다.

1. 나는 매우 특별한 사람이다.
2. 나는 우월하기 때문에 특별한 대우를 받고 특권을 누릴 자격이 있다.
3. 나는 다른 사람들에게 적용되는 규칙을 따를 필요가 없다.
4. 인정, 칭찬, 존경을 받는 것은 매우 중요하다.
5. 다른 사람들이 내 위치를 존중하지 않으면, 그 사람들은 벌을 받아야 한다.
6. 다른 사람들은 나의 욕구를 충족시켜주어야 한다.
7. 다른 사람들은 내가 얼마나 특별한지를 인정해야 한다.
8. 내가 마땅한 존경을 받지 못하거나 내가 누릴 자격을 얻지 못한다는 것은 참을 수 없는 일이다.
9. 다른 사람들은 그들이 가진 부나 명예를 가질 자격이 없다.
10. 사람들은 나를 비판할 권리가 없다.
11. 어느 누구의 욕구도 내 것을 침해할 수 없다.

12. 나는 재능이 많기 때문에 사람들이 나를 능가하려면 비상한 노력을 해야만 할 것이다.
13. 나 정도로 훌륭한 사람만이 나를 이해할 수 있다.
14. 내가 굉장하고 훌륭한 것을 기대하는 것은 당연하다.

나르시시스트는 자신과 미래, 그리고 세상에 대해 특정한 관점을 가지고 있습니다. 이들은 자신을 특별하고 대단한 사람으로 여기며, 미래에는 위대한 성공을 거두고, 세상으로부터 찬사를 받을 것이라고 믿습니다.*

과거의 기억을 바탕으로 형성된 인지도식은 주어진 상황을 해석하고, 그에 따른 생각과 감정을 만들어 내는 역할을 합니다.

당신이 문제가 아닙니다

김오만 과장은 상품 판매 전략 보고서를 팀장에게 제출했습니다. 팀장은 김오만 과장의 보고서에서 부족한 전략을 지적하며 아이디어 채택이 어렵다고 피드백했습니다. 이 상황은 김오만 과장의 인지도식 중 하나인 '나는 우월하기 때문에 특별한 대우를 받고 특권

* 한수정, 『자기애성 성격장애』, 학지사, 2018

을 누릴 자격이 있다.'와 '인정, 칭찬, 존경을 받는 것은 매우 중요하다.'라는 믿음을 자극했습니다.

김오만 과장은 이 피드백을 "팀장이 나를 질투하고 무시한다."라고 해석합니다. 이러한 해석은 김오만 과장에게 분노와 질투를 유발하며, 이후 김오만 과장은 '공격적 행동(팀장에게 반박하거나 불만을 제기하기)'과 '회피적 반응(업무 태도를 소극적으로 바꾸거나 팀원들과 거리 두기)'을 보였습니다.

이런 행동은 팀장과의 갈등을 심화시키고, 결국 "나는 특별한데, 다른 사람들이 나를 질투해서 인정하지 않는다."라는 기존의 인지도식을 더욱 강화합니다.

김오만 과장의 사례는 나르시시스트의 인지도식이 어떻게 인지적 왜곡을 만들어 내는지 그리고 이러한 인지적 왜곡이 어떤 감정과 행동으로 이어지는지 보여 줍니다. 만약 김오만 과장의 권력 위치가 우위였다면 자신의 의견만을 강요하거나, 비판을 수용하지 않고 공격적으로 반응하거나, 부하 직원의 성과를 가로채는 모습을 보일 수 있습니다.

나르시시스트와의 관계는 살얼음판을 걷는 듯한 불안감을 끊임없이 동반합니다. 어떤 상황에서 '인지도식'이 촉발되어 활성화될지 예측할 수 없습니다.

보통의 관계는 시간이 지나면서 상대에 대한 '예측 가능성'이 생기고, 이를 바탕으로 신뢰가 쌓입니다. 상대방의 반응과 행동을 어느 정도 예상할 수 있을 때, 우리는 그 관계에서 안정감을 느낍니다. 그러나 나르시시스트의 극단적인 자기중심성과 변덕스러운 감정 상태는 당신을 긴장 상태에 빠뜨립니다. 오늘은 좋은 시간을 보냈지만, 내일은 당신이 비난의 대상이 되어 고통 속에 빠질 수도 있습니다.

직장 내에서 나르시시스트를 만났다면 이제 당신이 생각해야 하는 것은 당신의 능력 부족이 아니라, '어떻게 관계 거리를 둘 것인가'입니다.

진정한 관계 사랑을 찾으세요

미국의 심리학자 로버트 스턴버그Robert Sternberg는 '사랑의 삼각형 이론'을 통해 사랑은 '친밀감', '열정', '헌신'이라는 세 가지 요소로 이루어진다고 설명했습니다. 친밀감은 사랑하는 사람과의 정서적 유대감, 상호 이해, 그리고 신뢰를 바탕으로 하는 깊은 관계를 의미합니다. 열정은 성적 매력과 끌림, 강렬한 감정적 교감과 같은 요소로 관계 초기 단계에서 강하게 나타나며, 헌신은 장기적인 관계를 유지하려는 의지와 노력을 의미합니다. 스턴버그는 이 세 가지 요소의 조합 방식에 따라 사랑을 총 여덟 가지 형태로 분류했으며 '성숙한 사랑'은 세 요소가 균형 있게 조화를 이룬다고 설명했습니다.

그러나 나르시시스트의 사랑은 '사랑의 삼각형 이론'과 거리가 멉니다. 나르시시스트는 자신의 욕구에 지나치게 몰두하는 성향이 있어 타인과 친밀감을 형성하기 어렵습니다. 또한, 나르시시스트의 열정은 상대방에 대한 애정에 기반한 것이 아니라 자기 과시를 충족시키려는 수단으로 작용합니다. 이는 '왜곡된 열정'이라고 할 수 있습니다. 마지막으로 나르시시스트의 헌신은 순수한 헌신이 아니라 자신의 이익을 최우선으로 하는 '조건부 헌신'에 가깝습니다. 당신이 균형 잡힌 사랑의 삼각형을 이루려고 노력해도 나르시시스트의 사랑은 왜곡되거나 불완전합니다. 결국 이들과의 사랑은 이루어지기 어렵습니다.

이런 만남 속에서 당신의 마음은 점점 공허해지고, 어느 순간 스스로에게 묻게 될지도 모릅니다. '나는 누구였을까?', '내가 정말 원했던 삶은 어떤 모습이었을까?' 사랑과 좋은 관계라는 이름 아래 마음의 상처를 감추고, 자신의 존재를 희미하게 만들어야 했던 시간은 고통이었을 것입니다. 관계 속에서 힘들었던 순간을 인정하고, 당신은 더 나은 사랑을 받을 자격이 있는 소중한 존재임을 기억하길 바랍니다.

진정한 사랑과 관계는 당신을 있는 그대로 존중하고, 당신의 마음을 따뜻하게 품어 주는 사람과 함께 이루는 것입니다. 그리고 그런 만남을 통해 당신은 자신을 더 깊이 사랑하고, 스스로를 소중히 여길 수 있습니다. 당신은 그런 관계를 맺으며 삶의 의미를 찾고, 더 단단하고 아름다운 존재로 거듭날 수 있는 사람입니다.

관/계/회/복/노/트

아론 벡은 개인의 사고가 얼마나 합리적이고 현실적인지 평가하기 위해 A-FROG라는 5단계 과정을 제시했습니다. 아래 질문에 모두 '예'라고 답하지 않는다면, 당신의 사고는 왜곡되어 있을 수 있습니다. 각 질문을 자신의 상황에 맞게 적용해 보세요.*

예시

상황: 나르시시스트 연인과 헤어지고 싶으면서도 '나는 이 관계를 유지해야 한다. 내가 떠나면 그 사람은 무너질 것이고, 나는 그를 돕지 않으면 안 된다.'라는 생각이 멈추지 않는다.

생동감: Alive
- **질문:** 나의 이 생각이 나를 생기 있게 만드나요? (예, 아니요)
- **평가(이유):** 아니요. 이 생각은 오히려 나를 지치게 하고 에너지를 소진시킵니다.

감정: Feel
- **질문:** 이 생각으로 인해 기분이 나아졌나요? (예, 아니요)
- **평가(이유):** 아니요. 오히려 불안, 스트레스, 무력감 등 부정적인 감정이 증가했습니다.

현실성: Reality
- **질문:** 나의 생각이 현실적인가요? (예, 아니요)
- **평가(이유):** 아니요. 그 사람은 나 없이도 사람들과 잘 지내며 잘 살아갑니다. 또한, 내가 그의 유일한 지지자라고 생각하는 것은 비현실적입니다.

* 노안영, 강영신, 『성격심리학』, 학지사, 2018

다른 사람과의 관계: Others
- **질문**: 나의 사고는 다른 사람과의 관계에 도움이 되나요?(예, 아니요)
- **평가(이유)**: 아니요. 이 생각은 나를 힘든 관계에 묶어 두어 다른 중요한 관계들을 소홀히 하게 만듭니다.

목표: Goals
- **질문**: 나의 사고는 나의 목표를 성취하는 데 도움이 되나요? (예, 아니요)
- **평가(이유)**: 아니요. 저는 즐겁게 살고 싶습니다. 그런데 만날수록 저를 계속 소진시키고, 저의 삶을 살아가는 데 방해가 됩니다.

예시를 참고해 각 질문을 자신의 상황에 맞게 적용해 보세요.

상황:

___

생동감: Alive
- **질문**: 나의 이 생각이 나를 생기 있게 만드나요?(예, 아니오)
- **평가(이유)**:

감정: Feel
- **질문**: 이 생각으로 인해 기분이 나아졌나요?(예, 아니요)
- **평가(이유)**:

현실성: Reality
- **질문**: 나의 생각은 현실적인가요?(예, 아니요)
- **평가(이유)**:

다른 사람과의 관계: Others
- **질문**: 나의 사고는 다른 사람과의 관계에 도움이 되나요?(예, 아니요)
- **평가(이유)**:

목표: Goals
- **질문**: 나의 사고는 나의 목표를 성취하는 데 도움이 되나요?(예, 아니요)
- **평가(이유)**:

나를 이해하면
관계가 보인다

김고민 씨는 대화할 때마다 말실수를 했는지 걱정하며 상대방의 반응을 민감하게 신경 썼습니다. 그러다 보니 자연스레 타인의 표정을 살피고, 상대방의 마음을 헤아리는 데 익숙해졌습니다. 또한, 대화 중 상대방의 좋은 점을 놓치지 않고 칭찬하며 '착한 사람'이라는 평가도 자주 들었습니다. 어느 날 다른 팀에 입사한 심아집 씨와 함께 업무를 처리하며 둘은 빠르게 친해졌습니다. 심아집 씨는 처음부터 김고민 씨를 칭찬하며 "넌 정말 다정하고 배려심 깊은 사람이야. 네가 있어서 큰 도움이 돼."라는 말을 자주 했고, 김고민 씨는 그런 인정과 배려의 말이 고마웠습니다.

하지만 시간이 지나면서 심아집 씨의 태도는 조금씩 달라지기 시작했습니다. 개인적인 부탁이 점점 늘어났고, 김고민 씨가 이를 거절하면 "네가 날 힘들게 할 줄은 몰랐어."라고 말하며 실망하거나 화를 냈습니다. 이런 말에 김고민 씨는 자신이 부족한 사람처럼 느껴졌고, 심아집 씨와의 관계를 유지하려 더욱 노력했습니다. 그러다 보니 김고민 씨는 자신의 감정보다 심아집 씨의 요구를 우선시하며, 상대방의 기분과 반응에 점점 더 의존하게 되었습니다. 그러나 김고민 씨는 변한 자신의 모습을 이상하게 여겼고, 심리 상담을 통해 심아집 씨가 나르시시스트라는 사실을 알게 되었습니다. '회색돌 기법'으로 심아집 씨와 거리를 두었으나, 김고민 씨는 다른 사람과의 만남에도 두려움을 느끼게 되었습니다. 점점 고립되어 가던 김고민 씨는 심아집 씨가 자신에게 미안해하고 있다는 주변의 말을 듣고 심아집 씨가 변한 것은 아닌지, 혹시 좋은 사람은 아니었는지 생각합니다.

나르시시스트는 '관계 트라우마'를 남깁니다. 자신에게 잘해 주는 사람을 만나면 '혹시 나르시시스트는 아닐까?' 불안해집니다. 사람에게 상처받은 몸과 마음은 혼자만의 시간으로 스스로를 가둡니다. 외향적인 사람이라면 짧게 만나는 관계를 선호하면서 친밀감을 거부하게 되고, 내향적인 사람이라면 더 고립된 삶을 사는 경향을 보일 수 있습니다.

하지만 불안해할 필요는 없습니다. 나르시시스트를 경험했다는 것은, 나르시시스트를 걸러 낼 수 있는 안목이 생겼다는 것을 의미합니다. 실제로 나르시시스트 유경험자는 그들의 말과 행동을 보면 나르시시스트인지 아닌지 감이 온다고 이야기합니다. 인정 욕구와 결핍으로 내면이 공허한 사람이 나타내는 행동에 대처하는 능력이 생긴 것입니다.

외부 세계에 대한 안목은 생겼으니, 이제 자신의 내부 세계를 바라보면서 자신을 이해하고 성찰하는 시간이 필요합니다. 김고민 씨는 대화 중 상대방의 생각을 추측하며 불안해했습니다. 심아집 씨는 김고민 씨와 대화할 때 수시로 인정의 말을 건네며 김고민 씨의 불안을 낮추고, 김고민 씨를 괜찮은 사람으로 만들어 주었습니다. 나르시시스트는 상대의 취약점을 파악하고 놓치지 않습니다.

김고민 씨는 자신이 한 말을 후회하고, 상대방이 어떻게 생각하는지를 걱정합니다. 김고민 씨가 자신의 내면 세계를 이해하면 변화를 가져올 수 있습니다. 즉, 더 단단한 내면 세계를 선택할 수 있다는 것입니다.

나르시시스트와의 관계를 돌아보며 "뭐가 좋았던 걸까?"라는 질문을 던져 보길 바랍니다. '날 인정해 줬어', '사랑받는 감정을 처음 느낄 수 있었어', '내가 힘이 들 때 옆에 있어 줬어.' 등 다양한 답변이 나올 것입니다. 어쩌면 이 점이 자신의 취약점일 수 있습니다. 이 취약점이 회복되지 않았을 때, 나르시시스트는 다시 당신 곁에 나타날 수 있습니다. 당신의 빈틈을 노리고 과거 자신의 모습을 반성하면서 나타난다면, 당신은 다시 나르시시스트에게 돌아갈 수 있습니다. 인지부조화가 일어나는 것입니다. "나의 취약함을 이해하고 돌봐 줄 수 있는 사람은 심아집 씨밖에 없어. 그리고 저렇게 반성하잖아.", 나르시시스트 가족과의 관계에서도 마찬가지입니다. "혈육을 어떻게 끊어 내. 그리고 나이 들어서 아프고 병들면 가족밖에 없다고 하는데, 어릴 때 나를 돌봐 줬잖아(합리화)."처럼 생각하며 나르시시스트의 후버링 전략에 당하게 됩니다. 다시 나르시시스트의 수치심과 죄책감을 떠안고 사는 삶을 선택할 수 있습니다.

'선택'입니다. 당신의 삶은 선택으로 이루어집니다. 내면의 취약함을 이해하고, 그 취약함을 보완하는 방법을 선택하고 행동하세요. '그 사람이 나를 인정했기 때문에 만났어.'가 아니라 "이제부터는 내가 날 인정하기로 선택했어."로 생각의 관점을 바꾸고 나를 위한 삶을 살길 바랍니다.

드라마 〈도깨비〉에서는 변호사의 삶을 산 노인이 등장합니다. 그는 이승과 저승 사이에서 도깨비를 만납니다. 도깨비는 그에게 "왜 내가 알려 준 답으로 적지 않았습니까?" 하고 묻습니다. 노인이 학생일 때 도깨비가 시험 문제의 정답을 알려 준 적이 있었습니다. 도깨비의 말에 노인은 "저는 아무리 그 문제를 풀어도 그 정답이 나오지 않았거든요."라고 대답합니다. 그러자 도깨비는 "그래서 당신의 삶을 더 응원했습니다."라고 말합니다. 그 선택은 노인을 더 나은 삶으로 이끌었습니다.

삶은 스스로의 선택으로 만들어집니다. 무엇을 선택하며 살아갈지 결정하는 것은 당신의 몫입니다.

내면의 힘을 키우는 일

'게슈탈트 여름 지도자 과정'에서 나무 명상 프로그램에 참여한 적이 있습니다. 숲속에 있는 나무 중 가장 눈에 띄는 나무를 선택해서 침묵 속 대화를 나누는 것이었습니다. 그때 제 눈에 띈 나무는 기둥이 얇고 상처 있는 나무였습니다. 여름 장마에 다른 나무들이 쓰러졌음에도 꿋꿋하게 자신의 자리를 지켜 낸 모습이 대단해 보였습니다. '이 나무의 뿌리는 깊이 단단하게 고정되어 있지 않을까?'라는 추측을 하면서 '버티는 힘'에 대해 생각했습니다.

스트레스 상황이나 갈등 상황 등 어려움에 직면했을 때 현실을 수용하고 대처하는 능력을 '자아 강도'라고 합니다. 자아 강도가 높은 사람들은 자신의 감정을 효율적으로 통제하며, 문제 중심으로 대처하고, 사회적인 지지를 활용합니다. 지금 당신도 자신의 자원을 충분히 활용할 수 있는 사람입니다.

뿌리가 단단한 나무가 거센 바람에 쓰러지지 않듯 내면의 힘이 단단하면 어려운 상황을 이겨 낼 수 있습니다. 나르시시스트를 경험하고도 자신을 단단하게 지켜 내고, 자신의 삶을 꿋꿋하게 살아가고 있다면 당신의 내면을 믿으셔도 됩니다. 당신은 그 누구보다도 단단한 심리적 자원을 가진 사람입니다.

물론, 지금은 나르시시스트와 플라잉 몽키로 인해 삶이 황폐해졌을 수도 있습니다. 하루에도 몇 번이나 억울한 마음이 들어서 머릿속으로 상대방에게 하고 싶은 말, 억울한 말을 되뇌고 있을 수도 있습니다. 그래도 괜찮습니다. 당신은 오늘보다 내일 더 성장해 있을 것이며, 지금의 고통이 지속되지 않도록 마음의 힘을 키워 나갈 수 있을 것입니다.

심리 치료사인 파멜라 레빈은 자아 강도가 높을 때, 네 가지의 힘이 발휘된다고 설명합니다. '존재의 힘', '할 수 있는 힘', '정체성의 힘' 그리고 '기본적인 생존 기술의 힘'입니다.* 당신은 당신 존재로 당당했고, 유해한 관계를 끊어 낼 수 있는 힘을 가지고 있으며, 당신이 어떤 사람인지 알고 이해하는 소중한 사람입니다. 오늘부터 자신을 위한 삶을 살길 바랍니다.

---

* 존 브래드쇼, 오제은 옮김, 『상처받은 내면아이 치유』, 학지사, 2024

관/계/회/복/노/트

나르시시스트를 경험했다는 것은, 나르시시스트를 분별할 수 있는 안목이 생겼다는 것을 의미합니다. 이제 그 경험을 바탕으로 내면의 힘을 쌓아 가는 연습을 시작해 보세요.

① 나르시시스트와의 관계에서 긍정적 감정을 느낀 경험이 있나요? 그 경험은 무엇인가요?

―――――――――――――――――――――――――――――――

② 당신이 상대방에게 가장 크게 기대한 것은 무엇이었나요?

> **예시**
> 인정, 칭찬, 안정감, 오랫동안 함께할 친밀한 관계 등

―――――――――――――――――――――――――――――――

③ 당신의 기대는 충족되었나요?

―――――――――――――――――――――――――――――――

④ 나르시시스트와의 경험을 통해 내가 얻은 '관계 안목'은 무엇인가요?

⑤ 앞으로 비슷한 상황이 발생했을 때 나를 지키기 위한 행동 목록을 적어 보세요.

> 예시
> 거절 연습, 내 감정 기록하기, 상대방의 말과 행동을 구분해서 보기 등

⑥ 2번에서 상대방에게 기대한 나의 취약한 결핍을 스스로 채울 수 있는 방법으로는 무엇이 있나요?

> 예시
> 인정 → 매일 한 가지 잘한 일 스스로 인정해 주기

상처 입은 '나' 돌보기

나르시시스트 박뻔뻔 씨는 나르시시스트 진단에서 점수가 낮게 나왔다면서 심답답 씨에게 "너 내가 나르시시스트라고 말했잖아. 점수 봐. 네가 예민한 걸 왜 나한테 넘겨."라고 말했습니다. 그러면서 SNS에 자신의 점수를 올렸습니다. 심답답 씨는 오늘도 박뻔뻔 씨에게 아무 말도 하지 못한 자신이 한심했습니다. 또한 '내가 착각한 건가?' 하는 생각이 들었습니다.

명백한 나르시시스트여도 나르시시스트 진단에서 높은 점수가 나오지 않을 수 있습니다. 애초에 '자기 인식', 자기 객관화가 없기 때문입니다. 자기 보고식 검사의 맹점은 자기 이해가 낮은 사람이

'이상적으로 생각하는 나'를 상정해 체크해도 걸러 낼 수 없다는 점입니다. 이들은 자신의 낮은 점수에 신이 나서 많은 사람들이 볼 수 있는 공간에 자신을 과시합니다. 이 상황을 지켜봐야 하는 심답답 씨의 마음은 어땠을까요? 박뻔뻔 씨가 친구들이 모인 자리에서 아무렇지 않게 자신을 공격하는 발언을 했을 때, 심답답 씨의 마음을 살펴보면 어떨까요?

우리는 선택할 수 있습니다

상대방의 반응은 우리가 통제할 수 없지만, 우리 반응은 스스로 선택할 수 있습니다. 우리가 선택할 수 있는 반응에는 자신을 비난하는 방법과 자신의 힘든 마음을 돌보는 방법이 있습니다.

먼저, 나를 비난하는 마음과 상대를 비난하는 마음을 가질 수 있습니다. 나를 자책하는 혼잣말이 시작됩니다. '난 부족한 사람이야.', '오늘 또 당했어. 당할 줄 알면서 온 내가 한심해.' 등의 말입니다. 이러한 반응은 다시 타인의 조종 안으로 들어가게 만듭니다. 반면, 내가 아닌 상대를 비난하면서 말합니다. '맞아, 저 사람은 나쁜 사람이야! 저럴 줄 알았어.'처럼 혼잣말로 나와 상대를 비난합니다.

두 번째는 나를 돌보는 반응입니다. 그 말을 들은 나의 마음을 인식하고 살피고 친절하게 대하는 것입니다. 나르시시스트와의 관계에서는 '나를 돌보는 반응'으로 자기 돌봄을 선택해 스스로를 돌봐야 합니다.

불교에는 '1차 화살은 피할 수 없어도 2차 화살은 피해야 한다.'라는 말이 있습니다. 1차 화살은 내 의지로 맞게 된 화살이 아닙니다. 상대방의 난폭한 말과 행동으로 받는 고통이 1차 화살인데, 우리는 1차 화살을 피하지 못한 자신을 원망하고 책망합니다. '내가 왜 그 순간 그런 말을 듣고 있어야 했지? 한심해.', '난 왜 그 사람이 나쁜 사람인 걸 알면서 또 만난 걸까?', '왜 우리 아버지(어머니)는 나를 착취의 대상으로만 여길까?'처럼 1차 화살의 원인을 찾기 위해 자신에게 2차 화살을 쏘기 시작합니다. 그러면 그럴수록 상처가 더 커지고 곪는다는 것을 잊은 채 말입니다.

몇 해 전 강의에서 이런 말을 들은 적이 있습니다. 회사 동료의 실수로 크게 다툰 다음 날, 자신과 다툰 동료가 다른 사람들과 커피를 마시면서 즐거운 시간을 보내는 것을 보고, 속에서 천불이 났다는 것입니다. 자신은 그 일 때문에 한숨도 자지 못하고 출근한 다음에도 실수를 어떻게 해결할까 고민하고 있었는데 정작 실수한 동료는 뻔뻔할 정도였다고 합니다. 이 말을 하는 그의 표정에서 억울함이 가득 묻어났습니다. '때린 사람은 다릴 못 뻗고 자도 맞은 사람이 다릴 뻗고 잔다.'라는 옛말이 오히려 틀린 말처럼 느껴집니다. 나르시시스트는 타인의 고통 따위는 염두에 두지 않거나 고통을 즐기는 가학적인 면까지 있기 때문입니다.

인간관계에서 상처받은 사람의 고통은 외상 환자가 겪는 통증과 다를 바가 없습니다. 외상 환자에게 통증 약을 처방하듯 인간관계로 고통스러워하는 사람에게 통증 약을 처방하면 효과가 있다는 연구 결과가 있습니다. 이는 사람으로 인한 고통이 외상 사고 고통과 유사함을 의미합니다. 겉으로는 괜찮아 보여도 당신의 고통은 뼈가 부러지고 피가 나는 고통과 다를 바 없습니다. 이럴 때는 원인을 찾기보다는 자신을 먼저 보살피고 따뜻하게 대해 주는 것이 우선입니다. 그래야 상처가 아물고 나을 수 있습니다.

자기를 돌보는 일

세계적인 심리학자 타라 브랙은 자기 돌봄을 나를 괴롭히는 생각의 쳇바퀴를 멈추고(멈춤), 순간에 깨어 있으면서 내 마음을 관찰하며(깨어 있기, 마음챙김), 진정한 나를 인식하여(통찰), 마침내 나를 사랑하고 온 세상을 껴안기(포용, 완전한 깨달음)에 이르는 과정이라고 설명합니다.* 자신에게 어떤 평가도 하지 않고, 그저 상처 입은 자신을 따뜻하게 안아 주며 토닥이는 것. 이것이 지친 나에게 할 수 있는 가장 큰 위로이며, 자기 돌봄의 핵심입니다.

* 타라 브랙, 이재석 옮김, 『자기 돌봄』, 생각정원, 2018

비난의 생각은 혼잣말로 시작해 멈추는 것이 쉽지 않습니다. 꼬리에 꼬리는 무는 생각은 나를 비난하기도 하고, 상대방을 비난하기도 합니다. 이런 반복적인 생각은 자신을 지치게 할 뿐입니다. 생각을 멈추면서 지금 내 마음과 몸의 감각에 집중해 보길 바랍니다. 손에 힘이 들어가 있는지, 머리가 아픈지 등 감각을 살피고 감정을 인식하길 바랍니다. 그리고 지금 나의 감정을 이해하고 살펴주길 바랍니다. 지금 그 감정이 일어났다면, 내 안에 그럴 만한 이유가 충분히 있는 것입니다. 그 감정을 헤아려야 합니다. 그리고 지금 나에게 해 주고 싶은 따듯한 말을 건네길 바랍니다.

이를 위한 방법으로 '자애 명상'이 있습니다. 저 역시 마음에 고통이 찾아올 때, 마음의 중심을 잡고, 어떤 삶을 살면 좋을지에 대해 스스로에게 말을 건네는 자애 명상을 합니다. 자애 명상은 생명이 있는 모든 존재가 행복하고 평화롭기를 바라는 마음의 자애심을 기르는 명상입니다. 마음의 고통, 분노, 슬픔을 다스리는 명상이며 자애 명상문은 자신을 시작으로 해서 주변 사람, 환경으로 점차 확대됩니다.

"내가 나를 사랑하기를, 내가 고통에서 자유롭기를, 내가 평화롭고 행복하기를, 내가 사랑하는 사람이 고통 없이 자유롭기를, 내가 사랑하는 사람이 안전하고 평화롭기를, 존재하는 모두가 행복하기를, 나와 모든 존재가 자비와 연민으로 가득하기를, 나와 존재하는 모두가 서로를 이해하고 용서하기를, 평화와 행복 속에서 살아가기를"

자애 명상은 자기를 사랑하는 데서 출발합니다. 자신을 사랑하지 않으면 다른 사람의 사랑에 끌려다니게 됩니다. 자기를 사랑하는 마음으로 자신이 어떤 삶을 살았으면 하는지 작성해 보고 읽어 보길 바랍니다. 자애 명상은 자신을 향한 따듯한 사랑에서부터 시작합니다.

관/계/회/복/노/트

상대방의 반응은 우리가 통제할 수 없지만, 우리 반응은 스스로 선택할 수 있습니다. 지금 이 순간, 나의 감정을 이해하고 살펴보는 시간을 가져 보세요.

❶ 나르시시스트로 인해 힘들었던 상황을 떠올려 봅시다.

① 어떤 상황이었나요?

_____

② 상대는 어떤 말을 했나요?

_____

③ 그 말을 들었을 때 어떤 감정이었나요?

_____

❷ 내 마음의 반응을 떠올려 보세요.

① 자신을 비난하는 생각을 했나요? (예, 아니요)

② 자신을 비난했다면 어떤 혼잣말을 떠올렸나요?

> **예시**
> 나는 부족한 사람이야. 또 당하다니!

③ 상대를 비난하는 생각을 했나요? (예, 아니요)

④ 상대를 비난했다면 어떤 혼잣말을 떠올렸나요?

> **예시**
> 저 사람은 나쁜 사람이야.

❸ 지금 내 몸의 감각을 살펴보세요.

> **예시**
> 손이 차갑고, 머리가 아프다 등

❹ 힘들어하는 나를 위해 스스로의 감정을 이해하는 말을 건네 봅시다.

> **예시**
> 나는 그 사람 때문에 충분히 힘들었어. 나는 내 마음을 이해해.

❺ 아래의 문장을 읽고 와닿는 구절에 밑줄을 긋거나, 어떤 삶을 살고 싶은지 나만의 자애 명상문을 적어 보세요.

> **예시**
> 내가 나를 사랑하기를,
> 내가 고통에서 자유롭기를,
> 내가 평화롭고 행복하기를,
> 내가 안전하고 존중받기를,
> 내가 살아 있음을 기뻐하기를.

나의 감정과 욕구 살피기

감정을 인식할 수 있다는 것은 욕구를 이해할 수 있음을 의미합니다. 박 팀장은 김 대리에게 급하게 보고서를 요청했고, 퇴근 전 미팅도 제안했습니다. 보고서를 제출한 후 김 대리는 박 팀장의 미팅 회신을 기다렸지만 특별한 피드백이 없었습니다. 김 대리는 퇴근 시간이 지나자 집으로 향했습니다. 다음 날 김 대리는 로비에서 박 팀장을 발견해 인사를 건넸지만 박 팀장은 인사하지 않고 지나갔습니다. 김 대리는 불안, 걱정, 당황, 민망 등의 감정을 느꼈습니다. 불안과 걱정은 어제 미팅을 하지 않아 생긴 감정으로 '팀장님이 내게 화가 났어.'라는 생각으로 이어집니다. 당황과 민망은 '나를 보지 못했나?'의 생각입니다. 두 개의 생각 중 어떤 생각으로 상황을 바라봐야 할까요? 이 사실을 확인하기 위해서는 박 팀장에게 질문하고 확인을 받아야 합니다. 그러나 대부분은 아무런 확인 없이 불안과 걱정이라는 감정을 먼저 느낍니다. 이는 어제의 경험으로 인한 결과로 '팀장님이 내게 화가 났어.'라는 생각으로 자동적으로 이어지는 것입니다.

그런데 이를 생각의 언어가 아닌, 욕구로 인식해 보면 어떨까요? 김 대리가 인사했을 때, 박 팀장에게 기대하고 원했던 것은 같이 반갑게 인사를 해 주는 것이나, 어제 보고서에 대한 피드백을 주는 것이었습니다. 욕구를 알아차리면 자신의 행동을 결정할 수 있습니다.

상황: 아침에 팀장님께 인사했지만 반응이 없었다.
감정: ① 불안, 걱정 ② 당황, 민망
생각: ① 미팅을 하고 가지 않아서 화가 났다.
② 나를 보지 못했을 것이다.
→ 위의 자동적 생각은 모두 확인되지 않은 사실
욕구: ① 보고서에 대한 피드백을 받고 싶다.
② 인사를 함께 해 주길 바란다.
행동: ① 아침에 먼저 가서 보고서에 대한 피드백을 요청한다.
② 나를 보지 못했을 수 있으니 신경 쓰지 않는다.

감정을 이해하면 지금의 욕구를 알아차리고 행동할 수 있습니다. 그리고 욕구는 지금 내가 무엇을 필요로 하고 원하는지 알려 주는 역할을 합니다. 외로움은 관계의 욕구, 억울함은 공평, 공정함의 욕구 등으로 드러냅니다. 그런데 감정을 단순히 화가 난다, 짜증이 난다, 신경 쓰고 싶지 않다 등으로만 인식하면 자신의 욕구를 알아차리기 어렵습니다. 감정은 지금 이 순간 내게 무엇이 필요한지 알려 주는 신호이자 정보이며, 상대방이 무엇을 필요로 하는지 알려 주는 신호이자 정보입니다. 감정을 알아차리면 자신을 지키는 방법을 찾을 수 있고 이를 행동화할 수 있습니다.

마셜 로젠버그는 『비폭력대화』에서 정서적 노예 상태에서 정서적 해방으로 가는 3단계를 제시하고 있습니다.

1단계는 '정서적 노예 상태의 단계'로, 자신이 다른 사람의 감정에 책임이 있다고 믿는 단계입니다. 이 단계에서는 자신의 감정과 욕구를 무시한 채 상대방의 감정과 욕구를 우선시합니다. 상대방을 기쁘게 하기 위해 노력하고 상대방과의 관계가 나빠지면 자신에게 책임을 돌리며 비난합니다. 정서적인 노예, 즉 자신의 주도권이 상실되어 있습니다.

2단계는 '얄미운 단계'로, 다른 사람의 감정에 책임이 없음을 깨닫고 자신을 희생하며 산 삶에 대해 자신에게 화가 나는 단계입니다. 자신의 감정과 욕구를 인식하고 표현하지만 서툴고 어색합니다.

3단계 '정서적 해방 단계'는 자신의 의도와 행동에 대한 책임을 받아들이는 단계입니다. 자신의 욕구와 상대방의 욕구를 존중하며 자신이 원하는 바를 분명하게 표현합니다.*

정서적 노예 상태에 있던 사람은 이러한 3단계를 거치면서 정서적 해방감을 느낍니다. 나르시시스트와의 관계에서는 정서적 노예 상태에 해당하는 1단계일 가능성이 큽니다. 그리고 2단계로 넘어갈 때 우리는 분노합니다. 자신의 문제가 아니었음을 깨달았기 때문입니다. 하지만 3단계로 넘어가는 건, 나르시시스트를 위한 것이 아닌 내 삶을 주체적으로 살기 위한 일입니다. 나르시시스트에게 최고의 복수는 그들 없이 당신이 주체적인 한 사람으로 잘 살아가는 것입니다.

3단계로 넘어오는 건 결심만큼이나 쉬운 일이 아닐 수 있습니다. 저는 '나아간다.'라는 말을 좋아합니다. 오늘 멈췄어도 나아가고 있는 자신을 믿으면 좋겠습니다. 그들과의 관계에서 해방되면 좋겠습니다.

감정의 알아차림

알아차리는 사람은 무너지지 않습니다. 알아차린다는 것은 즉각 반응하는 것이 아닌 '멈추고 바라보는 것'을 의미합니다. 지금 이 순간

---

* 마셜 로젠버그, 캐서린 한 옮김, 『비폭력대화』, 바오출판사, 2004

몸의 감각을 알아차리고, 판단과 평가가 섞이지 않은 감정을 있는 그대로 인식합니다.

이러한 알아차림의 과정에서 '감정 라벨링'은 감정을 이해하는 데 도움이 됩니다. 감정 라벨링은 알아차린 감정에 이름을 붙이는 방법입니다. 감정을 관찰하고, 지금 여기서 느껴지는 감정의 이름을 찾아 표현해 봅시다.

상황: 나르시시스트 친구가 미안하다며 한 번만 만나 달라고 연락이 왔다.
감정: ① 불안 ② 혼란
라벨링: 나는 ○○의 감정을 느꼈다.
① 나는 불안을 느꼈다. 강도 점수 5점
② 나는 혼란을 느꼈다. 강도 점수 4점

자신의 감정을 인식했다면 1점(약함)부터 5점(강함)까지 강도를 체크해 확인합니다. 감정의 강도가 높다면 감정을 이완시키기 위해 기지개를 켜거나 어깨를 풀어 주는 마사지와 스트레칭을 하길 바랍니다. 이후 호흡을 통해 마음을 안정시킵니다. 우선 편안하게 앉아서 코로 호흡을 3초 동안 들이마시고, 1초 동안 잠시 멈춘 후, 입으로 4초 동안 내쉽니다. 들이마시는 숨보다 내쉬는 숨을 더 길게 해서 서너 번 반복합니다. 그리고 다시 감정을 확인해 보고 강도가 높다면 몸을 이완시키는 방법을 반복합니다.

욕구의 알아차림

감정 아래에 가려진 욕구가 무엇인지 스스로에게 물어봅니다. "지금 내게 필요한 건 뭐지?", "지금 내가 원하는 건 뭐지?" 욕구는 충족되었을 때 긍정적 감정으로, 충족되지 않았을 때 부정적 감정으로 표현됩니다. 감정 라벨링을 욕구와 연결해 본다면 자신의 행동을 선택할 수 있습니다.

> 상황: 나르시시스트 친구가 미안하다며 한 번만 만나달라고 연락이 왔다.
> 감정: ① 불안 ② 혼란
> 라벨링: 나는 ○○의 감정을 느꼈다.
>   ① 나는 불안을 느꼈다. 강도 5점
>   ② 나는 혼란을 느꼈다. 강도 4점
> 욕구: ① 나는 휘둘리고 싶지 않다.
>   → 정서적으로 안정된 삶의 욕구
>   ② 어떻게 대처해야 할지 모르겠다.
>   → 자기 보호의 욕구

행동: ① 정중하지만 단호하게 만남을 거절한다.
　　　② (만나기로 결정했다면) 낮 시간, 사람들이 많은 공공장소에서 시간을 제한해서 만난다.

가장 우선시하고 싶은 욕구가 '정서적으로 안정된 삶의 욕구'라면 '정중하지만 단호하게 만남을 거절한다.'의 방법을 선택합니다. 감정 아래 자신의 욕구를 찾는 것은 나르시시스트와의 관계뿐만 아니라 우리가 살아가면서 만나는 모든 관계에서 자신을 지키고 이해하는 핵심적인 방법이 될 것입니다.

우선 알아차림입니다. 몸의 감각을 알아차리면서 지금 이 순간의 감정을 살피고 강도를 확인합니다. 이어서 나에게 필요한 욕구를 찾고 방법을 선택하고 행동으로 옮기길 바랍니다. 자신의 욕구를 이해하는 것은 자유로운 관계를 만나는 시발점이 될 겁니다. 알아차린다는 것은 나의 몸과 마음을 무의식의 시스템에서 의식의 시스템으로 돌리고 성숙한 행동을 하는 방법입니다.

관/계/회/복/노/트

나의 감정을 인식하고 나르시시스트와의 관계에서 해방되는 연습을 합니다. 감정은 나를 지키기 위한 중요한 신호입니다. 지금 느끼는 감정과 욕구를 알아차리고, 자신에게 도움이 되는 행동을 선택하세요.

예시

상황: 나르시시스트 친구가 미안하다며 한 번만 만나달라고 연락이 왔다.

감정: ① 불안 ② 혼란

라벨링: 나는 ○○의 감정을 느꼈다.
① 나는 불안을 느꼈다. 강점 5점
② 나는 혼란을 느꼈다. 강도 4점

욕구: ① 나는 휘둘리고 싶지 않다.
→ 정서적으로 안정된 삶의 욕구
② 어떻게 대처해야 할지 모르겠다.
→ 자기 보호의 욕구

욕구 행동: 회색돌 기법으로 정중하지만 단호하게 만남을 거절한다. "미안하다는 말을 전해 줘서 고마워. 하지만 이 관계를 이어 가는 것은 나에게 어렵다고 판단했어. 관계를 회복하려는 너의 마음은 이해하지만, 이 결정을 받아들이길 바라."

주의: 회색돌 기법은 상대방의 감정을 자극하지 않아야 합니다. 나르시시스트의 강도에 따라서 표현 방식을 고려해 주세요.

다음 다섯 단계를 염두에 두고 자신의 감정을 인식한 다음 행동으로 옮겨 보세요.

1단계: 지금의 마음을 알아차립니다.
2단계: 긴장된 몸을 이완시킵니다.
3단계: 감정 라벨링 후 강도를 체크합니다.
4단계: 욕구를 인식합니다.
5단계: 행동을 선택합니다.

상황:

감정 + 강도:

호흡:

욕구:

욕구 행동:

자존감 회복을 위한
솔루션

나르시시스트 친구가 대화 중 당신에게 비아냥거리는 말을 합니다. 어떤 반응을 보이겠습니까? 분노의 반응을 보이거나 말을 피하거나 조용히 관계를 끊을 수 있습니다. 반면, 불편해진 자신의 감정을 조절하고 직접적으로 표현하는 사람도 있습니다. 관계와 상황에 맞춰서 표현하겠지만, 자신의 감정을 잘 표현해 상대방이 경계를 넘지 않도록 만드는 것이 좋은 방식입니다.

　자신의 마음을 인식하고 표현하는 사람들은 '필요한 말인가?', '지금 할 말인가?', '친절한 말인가?'라는 3단계를 가지고 소통을 이어갑니다. 우선 '필요한 말'은 해야 할 말과 하지 말아야 할 말을 구분하는 분별력입니다. 상대방의 비아냥이 경계를 넘었다면, 이에 대해 표현하는 것은 '필요한 말'입니다. 두 번째 '지금 할 말인가?' 단계에서는 상황을 고려해야 하는데 이는 감정 조절 능력과 관련이 있습니다. 감정 조절이 어렵다면 자신의 감정에 압도되어 부적절하게 표현할 수 있기 때문입니다.

세 번째 단계는 '친절한 말'로 표현하는 것입니다. 흔히 '아 다르고 어 다르다'라는 말처럼 명확하되 부드럽게 표현하는 것입니다. 하지만 나르시시스트에게 휘둘리지 않기 위해서는 '내가 왜 이 말을 하는지, 어떤 방향으로 대화를 이끌고 싶은지' 의도를 분명히 인식하고 있어야 합니다. 그 중심이 흔들리면 그들의 언어적 조작이나 심리적 압박에 휘말려 본래 하고자 했던 말을 잃을 수 있기 때문입니다.

나르시시스트와 대화를 하는 동안 자신의 경계선을 설정하는 '자기 존중'과 '감정 조절력'이 필요한데 이는 자존감이 바탕이 되어야 합니다.

자존감의 의미

자존감은 '자신을 사랑하는 마음'으로 자신을 존중하는 감정입니다. 종종 자존감과 자존심을 혼동하는데, 자존감은 자신의 존재 가치를 인정하는 마음입니다. '존재 가치'는 외적인 상황과 무관하게 자신을 소중히 여기는 마음입니다.

나르시시스트는 누군가의 말 한마디에 '저 사람이 나를 무시했어.'라고 반응하며 욱하는 경우가 많습니다. 그들은 '저 사람은 날 어떻게 바라보고 있을까?'라는 생각을 끊임없이 합니다. 내면에서는 스스로를 무가치한 사람으로 바라보고 있어서 타인이 이를 간파했다고 생각하면 아등바등하며 분노의 모습을 드러냅니다. 나르시시스트는 세상의 반응을 공격 신호로 인식하는 것입니다.

내면의 가치를 소중히 바라보지 않는다면 자존감이 낮아질 수밖에 없습니다. 이처럼 자존감이 낮은 사람은 사회 불안감이 높다는 특징을 가지고 있습니다. '사회 불안'은 사람들이 자신을 관찰하고 평가하는 것에 대해 지속적으로 불안을 느끼는 것으로, 부정적 평가와 거절에 대한 두려움이 있습니다. 우리는 생각하는 것만큼 상대방이 우리에게 관심이 없다는 것을 알고 있습니다. 타인의 평가 시스템으로 자신을 불안하게 만들지 않아야 합니다. 조금 안심이 되는 건, 나만 타인의 시선을 신경 쓰는 것이 아니라는 점입니다. 상대방도 마찬가지일 수 있습니다. 그렇다면, 나의 평가 시스템 안테 나를 평상시보다 조금만 낮춰 보면 어떨까요?

자존감이 낮으면 자신의 약점을 수용하지 못하고, 자신의 부족한 면에 집중하는 경향이 있습니다. 이로 인해 자기 회의적인 측면이 강해져 스스로를 믿을 수 없게 됩니다. 반면 자존감이 높다는 것은 자신에 대한 가치와 믿음을 가지고 있다는 뜻입니다. 자존감은 두 가지 축, '자기가치감'과 '자기효능감'으로 구성됩니다.

자존감의 두 가지 축의 균형

자존감은 스스로를 가치 있는 사람으로 바라보는 감정인 '자기가치감'과 자신의 능력을 스스로 믿는 힘인 '자기효능감'으로 이뤄져 있습니다.

자존감을 높이기 위해서는 첫 번째로 외부의 시선을 내부로 돌리는 연습이 필요합니다. '사람들이 날 어떻게 생각할까?'라는 걱정과 불안이 있다면, '사람들은 타인에게 생각보다 별로 관심이 없다.'로 생각을 전환하는 것입니다. 자신이 한 말에 대해 '내가 이상한 말을 했다고 생각하지 않을까?'라는 걱정과 불안은 '그렇게 생각할 수도 있고, 아닐 수도 있지.' 등 흔히 말하는 '쿨하게' 넘어가는 태도가 필요합니다.

저는 첫 번째 직장을 다니면서 다양한 연령과 연차, 능력, 경력, 낯선 용어 등으로 스스로를 무능하다고 생각한 적이 있습니다. 업무 중 실수를 하면 '누군가 나에 대해 안 좋은 말을 하지 않을까?', '나를 미워하면 어떡하지?' 같은 고민을 했습니다. 언니에게 고민을 털어놓자 언니는 "하느님이나 부처님, 공자님처럼 성인으로 불리는 훌륭한 사람들도 미워하는 사람이 있었어. 그런데 우리는 평범한 사람이잖아. 나를 미워하는 사람도 있겠지. 거기에 집중하지 마. 네가 할 일을 하고, 널 진심으로 아끼는 사람과 함께해. 그리고 사람은 누구나 실수를 해. 실수를 인정하고 성장하면 되는 거야."라는 조언을 해 줬습니다. 이 조언은 아직까지도 관계의 힘을 발휘합니다. 관계에서 모두가 나를 좋아할 수는 없습니다.

두 번째로, 자신의 약점을 수용하는 힘이 필요합니다. 자신의 약점과 강점을 적고, 약점을 수용하고 이를 강점으로 바꿀 수 있는 행동을 하길 바랍니다. 또한 강점을 통해 자신의 긍정성을 인정해 주는 마음의 힘이 필요합니다.

세 번째로, 행복의 내적 기준점을 올려 보길 바랍니다. 매일 아침 자신의 감정을 기록했을 때 부정적 감정이 높다면 행복의 평균 내적 기준점이 낮을 수 있습니다. 자신의 내적 기준점을 높일 수 있는 행동(감사 일기, 감정 일기, 자기 수용의 말 등)을 하길 바랍니다.

마지막으로, 지금까지 살아온 삶을 되돌아보고 힘들었던 순간을 이겨 낸 자신의 모습을 인정하는 것입니다. 지금의 나 역시 미래의 내가 보았을 때 충분히 괜찮을 것이므로, 자신을 괜찮은 사람으로 인정해 주길 바랍니다. 또한 자신이 할 수 있는 작은 행동을 통해 성취감을 느끼면서 내가 먼저 나를 괜찮은 사람이라고 믿어 주길 바랍니다.

우리는 자신을 사랑한다고 하지만, 자신에게 모질게 대할 때가 더 많습니다. 나르시시스트로 인해 힘들고 고달픈데, 자신에게도 기대지 못한다면 당신의 마음은 방황을 끝낼 수 없습니다. 다른 사람에게 증명하는 삶이 아닌, 있는 그대로 살아갈 수 있게 자신을 존중하길 바랍니다.

관/계/회/복/노/트

자신의 마음을 인식하고 표현하기 위해서는 자존감이 바탕이 되어야 합니다. 있는 그대로의 나를 바라보고 받아들이는 연습과 일상 속 작은 감사와 긍정적인 실천을 통해 자존감을 키우는 연습을 시작해 보세요.

❶ 최근에 스스로를 뿌듯하게 느낀 순간은 언제인가요? 그때의 행동이나 선택, 태도가 자존감 향상에 어떤 방식으로 기여했는지 적어 보세요.

❷ 매일 잠들기 전에 감사 일기를 적어 보세요. 오늘 어떤 감사가 있었나요?

❸ 당신이 생각하는 당신의 취약점은 무엇인가요? 그리고 그 취약점을 수용하고 변화할 방법은 무엇일까요?

④ 자존감이 높아진다면, 당신의 일상과 관계, 마음에는 어떤 긍정적인 변화가 찾아올까요?

___

⑤ 지금의 나를 지지하고 응원하는 한 문장을 적어 보세요. 그리고 그 문장을 매일 아침 자신에게 들려주세요.

___

5장

있는 그대로의 나로
만나는 관계

나를 지키는
관계의 기준

주변을 둘러보면 평범한 가족, 특별한 친구, 사랑 가득한 연애와 결혼 이야기는 넘쳐 나지만 정작 자신의 이야기는 아닌 것 같다는 생각이 듭니다. 이런 생각의 이면에는 나도 좋은 관계를 맺고 싶고, 행복하고 싶어 하는 소망이 담겨 있습니다. 하지만 사람에 대한 상처가 깊을수록 사람에 대한 회의감, 불신으로 인해 친절하게 다가오는 사람을 '러브 바밍'으로 오해할 수 있습니다. 이런 복잡한 마음이 들면서 차라리 혼자 시간을 보내는 것이 편하다는 결론에 이르기도 합니다.

이러한 감정은 '사람 알레르기' 같은 반응을 일으킬 수 있습니다. 마치 특정 동물에 대한 알레르기처럼 자신의 주장만 하고, 공감 능력이 없는 특정 유형의 사람들과 접촉할 때 불편함을 느낍니다. 특히 나르시시스트와 비슷한 사람이 주변에 있으면 답답하고, 화가 나면서 그 자리를 벗어나고 싶어집니다. 이는 동물 알레르기가 있는 사람이 동물 털에 살짝 스치기만 해도 숨이 막히고, 재채기가 나오며, 피부가 간지러운 것과 유사한 반응입니다.

하지만 '사람 알레르기'는 불치병이 아닌, 극복할 수 있는 감정과 반응입니다. 동물 알레르기가 있는 사람들이 알레르기 약을 복용하고 동물을 만지는 것처럼, 당신도 '사람 알레르기'에 충분히 대처할 수 있습니다. 사전에 상황을 알아차리고 적절한 거리를 두며 자신의 경계를 지키는 것입니다.

시간이 지나면서 '사람 알레르기'도 점차 좋아질 것입니다. 마치 동물 알레르기가 시간이 지나면서 호전되는 것처럼, 정서적 면역력을 키우면 사람과의 관계도 더 편안해집니다. 이는 자신의 감정을 이해하고, 건강한 경계를 설정하며, 점진적으로 다양한 유형의 사람들과 상호 작용하는 경험을 쌓아 가는 과정을 통해 이루어집니다.

나를 마주하는 시간

좋은 인간관계를 맺으면서도 '나'를 잃지 않는 능력이 필요합니다. 자신의 정체성을 지키면서 관계 속에서 상호성을 유지하는 힘을 길러야 합니다. 사랑하는 사람들과 행복하게 연대하며 살아가기 위해서는 지금까지 자신의 인간관계를 돌아보고 스스로를 점검할 필요가 있습니다.

과거의 관계를 마주하는 과정은 자기 이해의 시간이며, 미래에 유해한 관계로부터 자신을 보호할 수 있는 정서적 면역력을 키우는 과정입니다. 우선 어린 시절의 인물들을 떠올려 보길 바랍니다.

첫째, 당신을 힘들게 했던 사람들을 떠올려 보길 바랍니다. 그 사람들의 특징은 무엇이었으며, 그들과의 관계에서 당신은 어떤 방식으로 대처했나요? 당시의 감정을 솔직하게 적어 보고, 자신의 대처 방식이 어떤 영향을 미쳤는지 살펴봅니다.

둘째, 긍정적인 관계를 맺은 사람들을 떠올려 봅니다. 당신을 행복하게 했던 사람들의 특징은 무엇이었으며, 어떤 점이 당신에게 긍정적인 영향을 주었는지 생각해 봅니다. 좋은 관계가 주는 따뜻함과 지지를 기억하며 앞으로 어떤 관계를 만들어 가고 싶은지 헤아려 봅니다. 만약 긍정적인 관계가 떠오르지 않는다면, 나는 어떤 관계를 희망하는지에 대해 작성합니다.

이 과정을 단순히 생각으로 끝내는 것이 아니라, 일기 쓰기, 그림 그리기, 글쓰기 등의 방법으로 기록해 보길 바랍니다. 이를 통해 자신의 대처 반응에서 향상시킬 점이 무엇인지 파악할 수 있고, 적극적으로 변화를 실천할 수 있습니다.

인생에는 상처만 있는 것이 아닙니다. 사랑을 주고받았던 관계를 떠올리면서 관계에 대한 긍정적 희망을 품길 바랍니다. 우리에게는 자신의 정체성을 유지하면서도 타인과 깊고 의미 있는 관계를 맺을 수 있는 힘이 있습니다.

의미 있는 관계를 선택하는 힘

천천히 관계를 회복하는 방법으로 자신이 맺고 있는 기존의 사회망에서 벗어나 새로운 관계를 경험하는 것도 도움이 됩니다. 최근에는 책 모임, 성격 이해 모임, 음식 만들기 모임 등 다양한 활동을 통해 새로운 사람들과 연결될 수 있습니다. 이런 안전한 모임을 선택해서 관심과 가치관이 비슷하면서도 연령, 직업 등이 다른 사람들과 교류하다 보면 관계에서 새로운 관점을 갖게 되고 자신의 생각에도 변화가 생깁니다. 일상의 관계에서 벗어나 확장된 관계 속에서 '관계 연습'을 해 보는 것도 좋은 방법입니다.

새로운 관계를 경험하며 얻은 관점을 바탕으로, 의미 있는 관계를 선택하고 조율하는 힘이 생길 것입니다. 이러한 힘은 관계의 기준을 만드는 계기가 될 수 있습니다.

관/계/회/복/노/트

자신의 감정을 이해하고, 건강한 경계를 설정하는 것은 사람들과의 관계에서 중요합니다. 과거와 현재의 경험을 돌아보며 앞으로 맺고 싶은 관계의 방향을 정하고, 나만의 기준을 세워 보세요.

❶ 최근에 불편하거나 거부감이 들었던 만남이 있나요? 그때 당신 몸의 반응과 감정, 생각은 무엇이었나요?

_____

❷ 특히 어떤 유형의 사람들(특징, 행동, 말투 등)에서 1번의 반응이 강하게 나타났나요?

_____

❸ 과거의 경험을 떠올려 봅시다. 나를 힘들에 했던 사람들을 떠올려 보세요.

① 그 사람들에게는 어떤 특징이 있나요?

_____

② 그 사람들과의 관계에서 어떻게 대처했나요?

_____

③ 그때의 감정과 행동(대처 방식)이 지금의 나에게 어떤 영향을 주고 있나요?

___

❹ 과거의 경험을 다시 한번 떠올려 봅시다. 나를 행복하게 했던 사람들을 떠올려 주세요.

① 그 사람들에게는 어떤 특징이 있나요?

___

② 그 사람들은 나에게 따듯함과 지지를 주었나요?

___

③ 앞으로 사람들과의 관계에서 어떤 관계를 희망하나요?

___

❺ 새로운 관계 연습을 위해 생각해 보세요. 참여해 보고 싶은 모임이나 활동은 무엇인가요?

___

⑥ 새로운 관계에서 꼭 지키고 싶은 나만의 기준이나 경계는 무엇인가요?

___

⑦ 관계에 긍정적 희망을 품기 위해 오늘 할 수 있는 작은 실천은 무엇인가요?

___

진정한 관계의 의미
'관계의 에너지'

성숙한 인간관계를 맺는 사람의 특징이 있을까요? 또, 완전한 인간관계가 있을까요? 드라마 〈동백꽃 필 무렵〉에서 주인공 동백이는 자신의 인생을 이렇게 표현했습니다. "내 인생은 모래밭 위 사과나무 같았다. 파도는 쉬지도 않고 달려드는데, 움켜쥘 흙도 팔을 뻗어 기댈 나무 한 그루 없었다. 옆에 사람들이 돋아나고, 뿌리를 섞었을 뿐인데, 이렇게 발 밑이 단단해지다니, 계속 항상 꿈틀댔을 바닷바람, 모래알, 그리고 눈물 나게 예쁜 하늘이 보였다. (중략) 그리고 나는 나를 믿어요." 살아가면서 인간관계가 얼마나 중요한지 알려 주는 대사였습니다.

만일 당신이 모래밭 위에 심어진 아름드리 큰 사과나무라면 과

연 바람 소리, 가지에 앉은 새를 음미하며 반가워할 수 있을까요? 어려울 것입니다. 바람에도 내가 쓰러질까, 가지에 앉은 새 때문에 흔들릴까 하는 마음일 것입니다. 토양을 바꾸는 것이 해결책이라고 생각할 수 있지만, 동백이는 옆에 있는 나무와 뿌리를 섞었습니다. 즉 좋은 관계를 통해 나의 뿌리를 단단히 하고, 서로가 쓰러질 때 잡아 주고, 영양분을 공급하는 것입니다. 인간관계를 맺는다는 것은 행복을 함께 음미하고, 힘들 때 든든하게 잡아 주는 것이 아닐까요?

행복한 삶을 위해 좋은 사람들과 긍정적인 관계를 맺는 것은 중요합니다. 나르시시스트의 '관계 트라우마'에서 벗어나 진정한 의미의 관계를 맺길 바랍니다.

날 둘러싼 세계에 반응하는 인생 태도

교류분석의 창시자 에릭 번은 자신을 둘러싼 세계에 대하여 반응하는 기본적인 태도를 '인생 태도'라고 설명하며 자기 개념과 타인 개념을 각각 'OK'와 'not OK'의 관점으로 보고 있습니다. OK의 관점은 '마음에 든다, 사랑받고 있다, 좋은 사람이다, 도움이 된다, 할 수 있다, 현명하다, 하면 잘 된다, 즐겁다' 등 긍정적인 생각을 의미합니다. 반면, not OK는 '무가치하다, 사랑받지 못하고 있다, 바보다, 밉다, 약하다, 능력이 없다, 실패한다, 뒤떨어진다, 결핍되어 있다,

자유로이 행동할 수 없다' 등 부정적으로 생각되는 것을 의미합니다. 인생 태도는 네 가지 태도로 설명할 수 있습니다.

첫 번째 태도는 자기 긍정과 타인 긍정 I'm OK, You're OK 태도입니다. 가장 건강하고 이상적인 인생 태도로 나와 상대방에 대해 긍정적인 태도를 가집니다. 문제 상황에서도 비난과 회피가 아닌, 건설적인 태도로 해결하려는 노력을 보입니다. "우리 함께 이 문제를 해결해 볼까?", "해결할 수 있는 방법이 있을 거야!"와 같은 관점으로 협력적인 태도를 보입니다. 이는 나와 상대방의 감정을 존중하며 솔직하게 표현합니다.

두 번째 태도는 자기 부정과 타인 긍정 I'm not OK, You're OK 태도입니다. 스스로를 열등한 존재로 인식하고 자신에 대한 관점이 부정적이지만, 타인을 바라보는 관점은 긍정적입니다. 의존적인 측면이 있고, 인정에 대한 말을 듣고 싶어 하는 욕구가 있습니다. 자신의 가치를 스스로 낮게 평가하기 때문에 삶의 태도가 소극적입니다. 갈등과 문제 상황에서 회피하는 경향이 있습니다.

세 번째 태도는 자기 긍정과 타인 부정 I'm OK, You're not OK 인생 태도입니다. 자신은 옳지만, 상대는 옳지 않다는 관점으로 바라봅니다. 독선적이고 이기적인 행동으로 자신의 문제를 타인의 탓으로 돌리는 경향이 있으며, 타인에 대한 공감 능력이 없습니다. 갈등을 자주 일으켜 관계를 유지하는 데 어려움이 있습니다.

네 번째 태도는 자기 부정과 타인 부정 I'm not OK, You're not OK 인생 태도입니다. 가장 비관적인 인생 태도로 자신과 타인 모두를 부정적으로 보는 자포자기형입니다. 문제나 갈등 상황에서 어찌할 바를 모르며, 포기하는 모습을 보입니다.

자신과 타인을 바라보는 관점을 인식하면 건강한 관계 에너지를 만들 수 있습니다. 나와 상대를 어떤 관점으로 보고 있는지 현재 자신의 인생 태도를 점검해 보길 바랍니다. 자기 부정으로 인해 자신감이 없다면, 자기 긍정의 태도로 변화해야 합니다. 부정적인 말을 긍정적인 언어로 표현하는 연습을 해야 합니다. "나는 사랑받을 수 없어."를 "나는 사랑받기에 충분해."로 자신을 인식하는 부정적 생각을 바꿔야 합니다. 타인 부정의 경우 상대방을 이해하는 마음을 지니는 것이 중요합니다. 저는 관계에서 상대방이 이해가 되지 않을 때 "그럴 만한 이유가 있겠지." 하고 상대방의 입장을 헤아리려고 노력합니다. 단, 여기서 말하는 관계는 나르시시스트와의 관계가 아닌, 일반적이고 보편적인 관계를 가리킵니다.

또한, 갈등 해결 방식과 대화의 기술, 방어 기제 등을 확인하면서 자기 긍정과 타인 긍정 I'm OK, You're OK의 태도로 행복한 관계의 에너지를 만들어 가길 바랍니다.

관/계/회/복/노/트

나르시시스트와의 '관계 트라우마'에서 벗어나 진정한 의미의 관계를 맺길 바랍니다. 행복한 삶을 위해 좋은 사람들과 긍정적인 관계를 맺는 연습을 시작해 보세요.

❶ 나는 '나 자신'을 어떻게 바라보고 있나요? "나는 괜찮은 사람이다. 나는 사랑받기에 충분한 사람이다." 같은 문장에 얼마나 동의할 수 있고, 그 이유는 무엇인가요?

❷ 나는 주변 사람들을 대체로 어떻게 바라보고 있나요? '이해할 수 있는 사람들'로 보고 있나요, 아니면 '신뢰하기 어려운 존재'로 보고 있나요? 그 이유는 무엇인가요?

❸ 앞으로 'I'm OK, You're OK' 태도로 살아가기 위해 오늘부터 실천할 수 있는 작은 행동 하나를 정해 보세요.

자유로운 의사소통
'비폭력 대화'

강연이 끝나면 말의 힘에 대해 생각하게 됩니다. 강연을 시작하기 전에 이 강연에서 내가 무엇을 기대하는지 생각하고 강연장에 서기도 합니다. 내가 지금 무엇을 원하는지 알아차리고자 노력하는 것입니다. 이를 일깨워 준 것은 마셜 로젠버그의 『비폭력대화』입니다. 비폭력 대화는 '관찰', '느낌', '욕구', '부탁'의 4단계를 거치면서 표현합니다. 맨 처음 이 방법을 배웠을 때 행복했던 기억이 납니다. 표현의 자유를 찾은 것 같았습니다. 이후 과정을 수료한 뒤 비폭력 대화의 매력에 깊이 빠져 2016년에는 비폭력 대화 LIFE 16 과정에 참여했습니다. 이 과정은 자신을 이해하고 서로를 이해하는 대화 방법으로 안내했습니다. 비폭력 대화를 시작할 때 지금까지 익힌 대화 방식과 다른 점 때문에 낯설고 어색했습니다. 그러나 시간이 지나면서 비폭력 대화 덕분에 원하는 바를 제대로 말하고 상대방의 말을 잘 듣는 귀가 생겼습니다. 저는 '시나브로'라는 단어를 좋아합니다. '조금씩 천천히'라는 의미가 담긴 말입니다. 처음에는 익숙하지 않았지만 비폭력 대화를 '조금씩 천천히' 익히면서 대화의 자유로움을 찾을 수 있게 되었습니다.

솔직하게 말하는 비폭력 대화 방식

- 관찰: 내가 ~을 보거나 ~을 들었을 때
- 느낌: 나는 ~을 느꼈어.
- 욕구: 왜냐하면 나는 ~이 필요하기(원하기) 때문이야.
- 부탁: ~해 줄 수 있을까? / 내 말을 어떻게 생각해?

공감하며 듣는 비폭력 대화 방식

- 관찰: 당신의 ~하는 말과 행동을 보고 들었을 때
- 느낌: 당신은 ~라고 느껴?
- 욕구: 왜냐하면 당신은 ~이 필요하기(원하기) 때문에
- 부탁: 당신은 내가 ~을 해 주길 원하는 거야?

있는 그대로 보는 것을 관찰이라고 합니다. 우리는 대화를 생각의 언어로 시작하는 경우가 많습니다. '너는 너무 게을러,' '너 그렇

게 예민해서 어떻게 하려고 그래!' 등의 말은 게으르다(판단), 예민하다(평가), A보다 B가 더 낫다(비교), 시키는 대로 해라(강요) 같은 의미를 내포합니다. 이런 말은 나와 상대 모두 방어적인 태도로 대응하게 만듭니다. 판단하거나 평가하고, 비교하거나 강요하는 말 대신 관찰의 말로 내가 보고 들은 내용만을 표현합니다.

첫 번째 사례, 1단계

평가: 너는 너무 게을러.
→ 관찰: 보고서 제출 시간이 2시간 지난 것을 봤을 때

두 번째 사례, 1단계

판단: 너 그렇게 예민해서 어떻게 하려고 그래!
→ 관찰: 당신이 나에게 예민하다고 한 말을 들었을 때

그리고 지금 이 순간의 느낌을 표현합니다(느낌은 앞 장에서 욕구와 연결해 설명한 바가 있습니다. 212쪽을 참고하세요). 감정을 말할 때 '이게 옳은 것인가?' 하는 판단은 하지 마세요. 무언가를 맞게 표현하는 것 역시 자기 강요입니다. 판단에 빠지지 않도록 주의하며 관찰과 느낌을 연결하는 표현을 만들어 봅니다.

첫 번째 사례, 2단계

느낌: 걱정, 불안

두 번째 사례, 2단계

느낌: 당황

이어서 그 감정을 느낀 이유를 나의 욕구(필요)와 연결해 설명합니다. 초기에 연습할 때는 '나는 ~이 필요했거든요.' 또는 '나는 ~을 원했어요.' 등으로 표현할 수 있습니다.

첫 번째 사례, 3단계

욕구: 저는 정해진 시간에 마무리하는 것을 원했어요.

두 번째 사례, 3단계

욕구: 나의 감정과 생각이 이해받고 존중받기를 원했어요.

마지막으로, 부탁에는 '연결의 부탁'과 '행동의 부탁'이 있습니다. '연결의 부탁'은 상대방이 나의 말을 어떻게 이해했는지 다시금 확인하는 부탁의 표현입니다. '행동의 부탁'은 상대방에게 구체적인 행동을 부탁하는 것입니다. 예를 들어, '내일 보자.'가 아닌, '내일 두 시에 ○○ 앞에서 보자.'라고 구체적으로 표현하는 것입니다. '자기야, 설거지 마무리해 줘.'가 아닌, '자기야, 설거지 후에 주변 물기를 닦아 줘.'라고 구체적으로 표현하는 행동 부탁입니다.

첫 번째 사례, 4단계

행동 부탁: 앞으로 제출 시간이 늦어질 때는 하루 전에 상황을 공유해 줄 수 있을까요?

연결 부탁: 제 말이 어떻게 들리셨나요?

두 번째 사례, 4단계

행동 부탁: 다음에는 제가 예민하다고 느껴질 때, 그 이유를 먼저 물어봐 줄 수 있을까요?

이를 비폭력 대화 방식으로 연결하면 아래와 같이 대화할 수 있습니다.

첫 번째 사례:

보고서 제출 시간이 2시간 지난 것을 보고 걱정되고 불안했어요. 저는 정해진 시간에 마무리하는 것을 원했거든요. 앞으로 제출 시간이 늦어질 때는 하루 전에 상황을 공유해 줄 수 있을까요?

두 번째 사례:

당신이 저에게 예민하다고 한 말을 들었을 때, 당황했어요. 저는 저의 감정과 생각이 이해받고 존중받기를 원했거든요. 다음에는 제가 예민하다고 느껴질 때, 그 이유를 먼저 물어봐 줄 수 있을까요?

비폭력 대화는 자신의 감정과 욕구를 명확하게 인식하고 상대방이 어떻게 행동하기를 원하는지 또는 나의 생각을 어떻게 받아들이고 있는지를 확인하는 과정입니다. 상대방에게 부탁의 표현을 하지만, 부탁과 강요를 착각하는 경우가 있습니다. 부탁은 강요를 담고 있지 않습니다. 상대방 역시 욕구가 있습니다. 상대의 느낌과 욕구를 인식하는 것이 공감입니다. 이는 상대방도 거절할 수 있음을 담고 있습니다.

나르시시스트가 당신의 부탁을 거절한다는 것은 자신의 욕구만을 우선시하고 있음을 의미합니다. 마찬가지로 나르시시스트가 자신의 욕구만을 강요하는 것은 상대를 배려하고 있지 않는 모습을 의미합니다.

공감은 너와 나의 관계

공감의 속성은 타인에게만 향하지 않습니다. 자신의 마음을 공감할 수 있어야 상대방의 마음을 공감할 수 있습니다. 비폭력 대화는 느낌의 표현에서 "나는 ~를 느꼈어."라고 표현하기도 하고, "당신은 ~를 느껴?"라고 되묻기도 합니다. 이처럼 공감은 나와 너를 공감하는 것입니다. 대화 중에 나의 마음에 상처가 생긴다면 잠시 멈추고 자신의 마음을 돌봐 주길 바랍니다.

비폭력 대화는 연결해서 표현해도 되지만, '관찰', '느낌', '욕구', '부탁'의 4단계를 각각 분리해서 표현해도 도움이 됩니다. 비폭력 대화가 아직 낯설다면 있는 그대로 보는 관찰만 표현하는 것으로 시작해 보세요. 다음에는 느낌만, 욕구만, 부탁만 표현하면서 자신의 말에 힘을 싣길 바랍니다.

관/계/회/복/노/트

오늘 표현하고 싶었지만 하지 못했던 말이나 상처가 된 말이 있었나요? 비폭력 대화로 표현해 보세요.

상황:

___

관찰:

___

느낌:

___

욕구:

___

부탁:

___

시끄러운 원숭이 잠재우기

"난 부족해.", "나는 못났어." 등 자신에 대해 부정적 생각을 하면서도 그 생각을 끊어 내지 못해 괴로울 때가 있습니다. 그리고 그 생각이 현실로 이어지는 날은 '역시 내 생각은 틀리지 않았어.'라며 자신을 깎아내립니다. 개인의 믿음이나 기대가 실제 그 결과를 만들어 내는 것을 '자기 충족적 예언'이라고 합니다.

김성장 씨는 나르시시스트 김 부장의 직장 내 괴롭힘으로 1년 동안 고통스러운 시간을 보냈습니다. 고통에서 벗어나기 위해 직장 내 괴롭힘의 증거가 될 수 있는 자료(녹취, 문자 등)를 모았고, 인사팀에 제출했습니다. 회사는 김 부장을 다른 지점으로 발령했습니다.

김성장 씨의 동료들은 그동안 고생했다며 위로의 말을 건넸지만, 김성장 씨는 이들 중 누군가 자신을 보면서 독하다고 생각하지 않을지 걱정되었습니다. 김성장 씨는 당당했지만 순간적으로 떠오르는 생각에 휩싸일 때면 불안과 두려움을 느꼈습니다. '사람들이 속으로는 날 비난하고 있을 거야.'라는 생각을 했으며, 누군가 속닥거리는 모습을 보면 '내 이야기를 하고 있나?'라고 생각하기도 했습니다. 바쁜 날에는 이런 생각이 들지 않았지만, 퇴근 후나 잠들기 직전에는 이런 생각에 압도되어 괴로웠습니다.

생각에는 힘이 있습니다. 아니라고 생각했던 생각은 계속해서 마음을 파고들며 자신을 괴롭힙니다. 자신의 잘못이 아니라는 것을 알고 있지만 생각을 멈추기가 쉽지 않습니다.

심리학에는 '수용-전념 치료ACT'라는 기법이 있습니다. 석사 논문으로 수용-전념 치료를 기반으로 한 집단 상담 프로그램을 진행한 경험이 있습니다. 당시 집단원들은 '생각=자신'이라고 여기는 경우가 많았습니다. 이는 대부분이 지닌 생각의 오류이기도 합니다. 철학자 에피테토스는 '사람은 일어나는 사건보다 사건에 대한 해석에 더 영향을 받는다.'라고 주장한 바 있습니다. 생각의 오류를 해소하기 위해 생각을 알아차리고 생각과 나를 분리하는 것이 필요합니다.

수용-전념 치료 중에는 '인지적 융합'과 '인지적 탈융합'이 있습니다. '인지적 융합'은 문자 그대로 생각을 나와 융합(일치)시키는 것이고, '인지적 탈융합'은 생각을 나와 분리하는 것입니다. 우리가 해야 하는 것은 '인지적 탈융합'입니다. 자신의 생각과 거리를 두고 그저 바라보는 것입니다. 생각은 당신이 아닙니다. '인지적 탈융합'의 방법은 예상보다 간단합니다. '인지적 탈융합'으로 가는 4단계 방법을 소개합니다.

> 1단계: 지금 나의 생각을 적어 봅니다.
> 2단계: 나의 생각이 어떤 감정을 만드는지 융합 과정을 확인합니다.
> 3단계: 생각과 나를 분리하는 탈융합 과정입니다.
> 4단계: 그 생각과 나를 분리하여 그런 생각을 하는 나를 알아차리는 과정입니다.

김성장 씨의 생각을 '인지적 탈융합' 4단계 방법으로 정리하면 다음과 같습니다.

> 1단계: 자기비판적인 생각을 종이에 적어 봅니다.
> → '사람들이 속으로는 날 독하다고 비난하고 있을 거야.'

> 2단계: 융합 과정 확인하는 단계입니다. 1단계에서 떠오른 생각

을 짧은 문장으로 작성한 후 소리 내어 반복해 읽습니다. 이 과정은 생각이 마음에 어떤 감정을 불러일으키는지 확인하는 단계입니다.

→ 인지적 융합: '사람들이 속으로는 날 독하다고 비난하고 있을 거야.'

감정: 우울, 분노, 속상함, 억울함

3단계: 생각과 나를 분리하여 이름을 붙입니다. 탈융합의 과정으로 '나는 ~의 생각을 하고 있다.'로 문장을 만들고, 자신과 생각을 분리하는 문장을 작성해 소리 내어 읽습니다. 생각과 나를 분리하는 과정입니다.

→ 나는 '사람들이 속으로는 날 독하다고 비난하고 있을 것이다.'라는 생각을 하고 있다.

4단계: 한 번 더 생각을 탈융합해 생각과 나를 분리합니다. '나는 ~의 생각을 하고 있다는 것을 알아차렸다.'라는 문장으로 바꿔서 다시 읽어 봅니다. 생각은 생각일 뿐이라는 것을 깊이 이해해 보길 바랍니다.

→ 나는 '사람들이 속으로는 날 독하다고 비난하고 있다고 생각하는 것을 알아차렸다.'라는 것을 알아차렸다.

생각과 나를 분리하는 것은 부정적인 생각과 자기비판으로 빠져드는 것을 멈춥니다. 또한 생각을 시각화하면서 자신의 생각을 억압하거나 회피하지 않고 마주 바라보게 합니다. 자신의 생각을 관찰하고 수용하면서 상황에 적응하고 생각에서 빠져나와 자신의 감정을 수용할 수 있는 힘을 키울 수 있습니다.

자비로운 마음을 나에게

고통스러운 생각을 하고 있는 자신을 '자기 자비'의 마음으로 대하길 바랍니다. 자기 자비는 자신을 따듯하게 이해하고 친절하게 대하는 태도입니다. 힘들고 지친 나에게 할 수 있는 일은 최선을 다해서 자신을 돌보는 일입니다. 심리학자 크리스틴 네프$^{Kristin\ Neff}$는 자기 자비를 '자기 친절', '보편적 인간성', '마음 챙김'이라고 말합니다.

자신에 대한 비난을 멈추는 것이 '자기 친절'입니다. 따듯하고 이해하는 태도로 가장 친절하게 자신을 대하는 마음 자세입니다. 나르시시스트와의 전쟁으로 지쳤지만 잘 이겨 내는 중입니다. 이러한 태도로 스스로를 바라본다면 자신이 어떻게 보이나요? 이보다 더 강인하고 사랑스런 존재는 없을 것입니다. 그런 자신을 친절하게 대해 줍니다. 오늘 하루 따듯한 차를 한 잔 선물하거나 따듯한 물에 샤워를 해도 좋습니다. 오늘 하루 자신이 듣고 싶었던 말을 건네는 것도 좋습니다. 자신을 귀하게 대하는 마음이 '자기 친절'입니다.

인생은 고해라는 부처님의 말처럼 인간의 고통이 '보편적 인간성'입니다. '사연 없는 집은 없다.'라는 말이 있습니다. 누구나 삶의 고통을 끌어안고 살아간다는 의미로 누구에게나 고통은 존재한다는 '보편적 인간성'을 표현하는 말입니다. 삶의 고통은 누구에게나 있으니 고통을 수용하는 힘도 필요합니다. 고통의 경험은 회복력으로 이어져 당신을 더 괜찮은 사람으로 만들어 주고 있다는 것을 기억해야 합니다.

그리고 '지금 이 순간'을 살아가기 위한 '마음 챙김'입니다. 생각은 미래로 가서 불안을 일으키는 가짜 생각을 만들고, 과거로 돌아가서 자신의 행동을 자책하게 만들어 우울을 이끌어 냅니다. 생각을 멈추는 방법으로 당신의 몸과 마음이 '지금 여기'에 머물도록 합니다. 지금 눈앞에 보이는 책의 글씨, 지금 느껴지는 커피의 냄새, 지금 들리는 음악 소리, 그리고 시원한 바람 등 시각, 청각, 후각, 미각, 촉각을 느끼고 바라보면서 나의 마음을 '지금 여기'로 오게 합니다.

나의 삶을 살아가세요

수용-전념 치료에는 버스 운전기사 이야기가 나옵니다. 당신이 운전하는 버스에 이상한 승객이 타기 시작합니다. 마음이 불안해서 자꾸 뒤를 돌아봅니다. 무서운 승객이 타지만, 당신은 운전을 해야 합니다. 당신의 목적지는 앞에 있습니다. 이 이야기는 삶의 가치가 앞에 있으니 앞을 향해 나아가야 함을 의미합니다.

당신의 가치가 가족이라면 가족과 함께 시간을 보내는 행동을 하고, 건강이라면 당신의 몸과 마음을 위해 운동을 하고 명상을 하는 것입니다. 자신의 가치를 발견하고 가치 행동을 하길 바랍니다.

당신만큼 당신의 삶을 잘 사는 사람이 있을까요? 그동안 당신은 잘 살아 냈습니다. 그러니 앞으로도 당신은 잘 살아갈 것입니다. 당신은 사랑받기에 충분하며, 소중한 존재임을 스스로 먼저 인정해 줘야 합니다. 부디 과거와 미래의 생각으로 지금의 소중한 시간을 흘려보내지 않길 바랍니다.

관/계/회/복/노/트

'수용-전념 치료(ACT)'의 탈융합 과정을 작성한 다음, 자기 자비를 실천해 보세요.

1단계: 자기비판적인 생각을 종이에 적어 봅니다.

_____

2단계: 융합 과정 확인
1단계에서 떠오른 생각을 소리 내어 읽고, 그 감정을 확인합니다

인지적 융합:

_____

감정:

_____

느낌:

_____

3단계: 탈융합의 과정
'나는 ~의 생각을 하고 있다.'처럼 문장을 만들어 소리 내어 읽으며, 나와 생각을 분리합니다.

나는 '＿＿＿＿＿＿＿＿＿＿＿＿＿＿＿＿＿＿' 생각을 하고 있다.

4단계: 한 번 더 탈융합

'나는 ~의 생각을 하고 있다는 것을 알아차렸다'로 문장을 바꿔 소리 내어 읽으며, 생각과 나를 분리합니다.

나는 '＿＿＿＿＿＿＿＿＿＿＿＿＿＿＿＿＿'라는 것을 알아차렸다.

자기 친절

오늘 나는 나를 위한 ＿＿＿＿＿＿＿＿＿＿＿＿＿＿＿＿＿ 친절을 베풀겠습니다.

나답게 살아가는
관계의 비법

김변화 씨는 나르시시스트와의 관계에서 벗어난 후 자신이 어떤 사람인지 혼란스러웠습니다. 자신의 감정을 억누르고 상대방의 기분과 기대에 맞추며 살아왔기 때문입니다. 상대의 기분에 맞춰 행동하는 것이 일상이 되었고, 점점 자신이 누구인지 잊어버리게 되었습니다. 자신의 욕구나 감정을 회피했습니다. 친구들과의 만남에서도 항상 친구들의 의견을 우선시하고, 자신의 생각이나 감정을 표현하기보다는 동의하는 편이었습니다.

김변화 씨는 결국 자신을 잃어 가는 느낌을 받았고, 이제는 더 이상 타인의 기대에 맞추며 살지 않기로 결심했습니다. 자신의 감정과 욕구를 존중하고, 무엇이 진정으로 자신을 행복하게 만드는지 알아보기 위해 노력하고 있습니다.

정신 분석학자 카렌 호나이(Karen Horney)는 '현실 자아'와 '이상적 자아'를 설명합니다. '현실 자아'는 우리가 실제로 존재하는 모습 자체이며, '이상적 자아'는 자신이 '되고 싶은 자아'의 모습을 의미합니다. '이상적 자아'는 우리가 원하는 이상적 방향의 모습으로 성장할 수 있도록 동기를 부여하고 자아 실현을 돕습니다.

만일, 자신의 이상적 자아가 '좋은 관계를 형성하고 싶은 사람'이라면 현실 자아는 아직 그런 관계를 잘 맺지 못해 어려움을 겪고 있을 수 있습니다. 그러나 그 간극을 인식하고 노력하는 과정에서 원만하고 건강한 관계를 맺는 방법을 고민하고 실천할 수 있습니다. 반면, '좋은 관계를 위해서는 거절하면 안 된다.'라는 경직된 이상적 자아를 가지고 있다면 '현실 자아'와 '이상적 자아'의 간극이 크거나 분리되어 있을 수 있습니다. 이는 자신의 욕구와 경계를 무시하고 타인의 기대에 맞춰 자신을 소외시킬 수 있습니다. 자신의 현재 자아를 이해하고 수용하면서 자신에게 맞는 건강한 이상적 자아를 설정하는 것이 필요합니다.

'나답게' 살아가기 위한 방법

당신은 무엇을 할 때 가장 행복한가요? 당신을 기분 좋게 하는 것은 무엇인가요? 자신을 잘 이해하기 위해 자신의 강점을 파악해 삶 속에서 실천해 나가는 연습이 필요합니다.

행복한 삶을 연구한 긍정 심리학자 마틴 셀리그만은 '좋은 삶'을 보다 객관적으로 연구하기 위해 VIA$^{Values\ in\ Action}$ 성격 강점 프로젝트를 개발했습니다. 성격 강점이란 전 세계에서 미덕으로 여기는 강점으로, 여섯 가지 핵심 덕목과 24개의 하위 강점으로 구성됩니다. 지식을 발전시키고 활용하는 인지적 강점의 '지혜와 지식', 역경과 난관에 부딪혔을 때 두려움을 극복하고 목표를 성취하는 정서적 강점의 '용기', 공감, 연민, 사랑으로 친밀한 관계를 맺는 대인 관계 강점의 '인간애', 건강한 사회와 공동체 삶에 기여하는 시민의식(사회적) 강점의 '정의', 지나친 것을 통제하고 타인에게 해가 되는 충동적 행동을 조절하는 중용적 강점의 '절제', 더 넓은 관점에서 삶의 의미를 발견하고 이해하는 강점의 '초월'이 있습니다. 하위 강점으로는 창의성, 호기심, 개방성, 학구열, 통찰력, 용감성, 인내, 진실, 열정, 사랑, 친절, 사회적 지능, 협동심, 공정성, 리더십, 용서, 겸손, 신중성, 자기 조절, 심미안, 감사, 희망, 유머, 영성이 있습니다. 성격 강점은 VIA 홈페이지(viacharacter.org)에서도 무료로 진단할 할 수 있습니다(진단 시 한국어로 언어 변경 체크).

강점 진단에서 심미안이 높게 나온다면, 박물관, 미술관 등을 관람하는 것을 좋아하는 성향일 수 있습니다. 강점을 이해하고 개발하면 무기력과 우울을 극복하는 데 도움이 되며, 나와 상대방의 강점을 모두 존중하며 행복하고 가치 있는 삶을 살게 됩니다.* 강점을 이해하는 것은 자신이 무엇을 좋아하는지 찾는 방법이 되기도 합니다.

개인의 SWOT를 분석하는 것도 '나'를 파악하는 방법입니다. 'SWOT 분석'은 개인의 강점Strengths, 약점Weaknesses, 기회Opportunities, 위협Threats을 분석해 자신을 객관적으로 이해하는 데 도움을 줄 수 있습니다. SWOT를 작성할 때 스스로에게 할 수 있는 질문을 소개합니다. 모든 질문에 답하지 않아도 됩니다.

첫째, 자신의 '강점'을 작성합니다. "남들보다 뛰어난 능력이나 기술은 무엇인가?", "주변 사람들이 인정하는 자신의 강점은 무엇인가?", "내가 자신 있게 할 수 있는 일은 무엇인가?", "나의 성격적 장점(책임감, 성실함, 공감 등)은 무엇인가?"

둘째, '약점'을 작성합니다. "내가 부족하다고 느끼는 부분은 무엇인가?", "남들보다 상대적으로 약한 능력이나 기술은 무엇인가?", "개선이 필요한 나의 성격적 단점은 무엇인가?", "목표 달성을 방해하는 나의 습관이나 행동 패턴은 무엇인가?"

셋째는 '기회'입니다. "내 능력을 발휘할 수 있는 외부 환경적 기

---

* 백선영, 『관계를 바꾸는 심리학 수업』, 천그루숲, 2023

회는 무엇인가?", "현재 내가 속한 사회적 환경(가정, 회사, 커뮤니티 등)에서 활용할 수 있는 자원은 무엇인가?", "강점을 더 키울 수 있는 교육, 네트워크, 기회는 무엇인가?", "나의 직업이나 분야에서 성장할 가능성이 있는 영역은 무엇인가?"

마지막으로, '위협'입니다. "내가 속한 환경에서 나에게 부정적인 영향을 줄 수 있는 요소는 무엇인가?", "나의 성장을 방해하는 관계가 있는가?", "건강, 재정, 심리적 상태에 위협이 될 수 있는 요소는 무엇인가?"

SWOT 분석을 통해 개인의 행동 변화를 만들 수 있습니다. 강점은 더 향상시키고, 변화해야 하는 점이라면 행동화하고, 변화할 수 없다면 수용하는 것입۱]다.

'나답게' 살아가는 삶의 의미

삶이 유한하다는 것은 시간을 소중히 보내야 함을 의미합니다. 나를 괴롭혔던 사람은 그 사람의 삶에 남겨 두고 이제는 나를 위해 하루하루 살아가야 하지 않을까요?

누군가 미워서 잠을 이루지 못한 밤도 있을 것입니다. 오랜 시간 알고 지낸 사람이 나르시시스트였다는 사실을 시간이 지나 알게 되어 그동안 느낀 고통이 억울하게 느껴지는 날도 있을 것입니다. 그러나 그런 아픈 시간에 붙잡혀 있으면 자신의 삶을 살 수 없습니다. 시간이 지났지만 여전히 당신은 그 삶에 갇혀 있는 것입니다. 갇혀 있는 동안에도 당신의 소중한 시간이 흐릅니다. 고통으로 당신의 몸과 마음이 황폐해지도록 두지 않길 바랍니다.

나르시시스트는 자신이 잊혀지는 것에 대해, 상대가 잘 사는 것에 대해 두려움을 느낍니다. 가장 좋은 복수는 나르시시스트를 잊고, 잘 살아가는 것입니다. 오늘 하루는 당신의 선택으로 만들어집니다. 희망이 있고, 행복이 있는 삶을 선택하길 바랍니다.

관/계/회/복/노/트

자신의 감정과 욕구를 존중하며 무엇이 진정으로 나를 행복하게 만드는지 알기 위해서는 결국 '나'를 먼저 이해해야 해요.

❶ VIA 강점 진단 후 강점을 키우기 위한 방법을 작성해 주세요.

___

❷ SWOT를 분석한 후에 행동 방법을 작성해 보세요.

S(강점):

___

W(약점):

___

O(기회):

___

T(위협):

___

❸ 미래에 꿈꾸는 '이상적 자아'는 무엇인가요? 이상적 자아를 실현하기 위해 어떤 태도가 필요한가요?

> **예시**
> 지금은 거절이 어렵지만 거절을 통해 내 의사를 잘 전달하는 관계를 맺고 싶습니다.

에필로그
회복의 시작점에서 이제 나를 사랑할 시간

 인간관계를 유지하기 위해 감정 노동을 하며 살아가는 날들이 있습니다. 상대의 기분을 살피느라 말 한마디가 조심스럽고, 자칫 내 말이 상대의 '발작 버튼'을 누르지 않을까 긴장하게 됩니다. 정작 내가 하고 싶었던 말은 삼키며 상대의 감정에만 맞춰 하루를 보내게 됩니다. 그렇게 하루를 보내고 나면 나의 감정은 어디로 갔는지 알 수 없습니다.

 관계란 서로가 서로를 배려하며 균형을 맞춰 가는 것이지만, 나르시시스트와의 관계에서는 그런 상호성이 통하지 않습니다. 그들은 언제나 자신을 중심에 두고, 상대가 점점 지쳐 가고 힘을 잃어 가는 모습을 보며 오히려 희열을 느끼기도 합니다. 타인의 고통이 그들에게는 자신의 우월함을 확인하는 수단이 되기 때문입니다.

　이 책을 읽고 계신 분들 중에는 '정'에 약하고, '정'이 그리운 분들도 계실 것입니다. 사랑과 친근함을 느낄 수 있는 그 귀한 마음을 나르시시스트와 같은 유해한 관계에 내어 주지 않길 바랍니다. 당신의 따뜻함은 서로를 존중하고 함께 삶을 만들어 가는 관계 속에서 더욱 빛날 수 있습니다.

　이 책을 쓰며 바랐던 것은 많은 분들이 '나르시시스트'라는 존재를 조금이라도 더 정확히 이해하는 것이었습니다. 그들의 조작과 지배에서 벗어나는 방법은 바로 그들을 이해하는 데서 시작되기 때문입니다. 이제는 고통의 고리를 끊어 내고, 자신의 자리에서 행복을 다시 세워 나가길 진심으로 바랍니다.

　저 역시 과거 여러 나르시시스트와의 관계 속에서 깊은 상처와 고통을 경험한 적이 있습니다. 심리학을 공부하기 전에는 '내가 더 잘하면 되지 않을까?' 혹은 '내가 문제인 걸까?' 하는 자책과 헛된 희망에 사로잡혀 있기도 했습니다. 하지만 심리학을 공부하며 내가 상대의 문제를 내 안으로 끌어안으며 관계를 유지하고 있었다는 사실을 알게 되었습니다. 그리고 그런 관계에는 '거리'가 필요하다는 것을 깨달았습니다.

　우리는 몸이 아프고 나서야 자신의 삶을 돌아봅니다. 그러면서 과거 자신의 삶을 자책했던 일을 반성하며, '그때 그 일로 날 그렇게 괴롭히지 말걸.' 하고 후회합니다. 유해한 관계 속에서 상처 입은 당신의 몸과 마음을 더 다치게 두지 않기를 바랍니다. 그리고 먼 미래의 내가 과거의 나를 돌아봤을 때 지금을 잘 이겨 낸 당신을 멋지게 여겼으면 좋겠습니다. 지금 당신이 해야 할 일은 단 하나입니다.

"지금부터, 나의 행복을 위해 무엇을 할 것인가?"

잊지 마세요. 나르시시스트가 가장 두려워하는 것은 잊혀지는 것입니다. 애써 잊으려 하지 않아도 됩니다. 당신이 자신의 삶을 사랑하며, 잘하는 일에 몰입하고, 지금보다 더 나은 나를 위한 삶의 즐거움에 집중할 때 그들은 자연스럽게 당신의 삶에서 멀어지고 있을 것입니다.

우리의 삶은 무한하지 않습니다. 유한한 이 삶에 나르시시스트를 끌어안은 채 살아갈 이유는 없습니다. 그리고 언젠가 인생의 어느 지점에서 지금의 나를 돌아봤을 때, 이렇게 말할 수 있기를 바랍니다.

"잘 극복했고, 지금의 내 삶에 만족해."

마지막으로 채정호 교수님께 깊은 감사의 마음을 전합니다. '긍정은 실천하는 것'이라고 일깨워 주신 교수님의 한마디는 제가 '행동하는 긍정주의자 옵티미스트'로 성장하는 데 큰 영향을 주었습니다. 언제나 한 사람을 '있는 그대로'의 존재로 대해 주시고, 강점의 눈으로 바라봐 주신 그 따뜻한 마음에 진심으로 감사드립니다.

박경애 교수님께도 감사의 마음을 전합니다. 교수님께 REBT 인지행동치료를 배우며, 따뜻함이 스며든 상담의 본질과 '사람을 돌본다'는 것의 깊이를 새롭게 알게 되었습니다. 배움의 여정 속에서 교수님께서 한 사람 한 사람에게 보내 주신 따뜻한 마음은 제게 깊은 감동과 울림으로 다가왔습니다. 진심으로 감사드립니다.

그리고 이 책을 가장 기쁘게 읽어 줄 세상에서 가장 소중한 가족에게 이 책을 바칩니다. 감사합니다. 사랑합니다.

좋은 사람이 곁에 있음을 잊지 않고,
행복했던 순간이 있었음을 기억하길 바라며…

따듯한 봄의 관계를 만날 당신에게
백선영 드림

문제는 당신이 아닙니다

초판 1쇄 발행 2025년 9월 30일

지은이 백선영
펴낸이 한승수
펴낸곳 문예춘추사

편집 구본영
디자인 스튜디오 페이지엔
마케팅 박건원, 김홍주

등록번호 제300-1994-16
등록일자 1994년 1월 24일
주소 서울특별시 마포구 동교로 27길 53, 309호
전화 02 338 0084
팩스 02 338 0087
메일 moonchusa@naver.com

ISBN 978-89-7604-755-7 03180

* 이 책에 대한 번역·출판·판매 등의 모든 권한은 문예춘추사에 있습니다.
  간단한 서평을 제외하고는 문예춘추사의 서면 허락 없이 이 책의 내용을
  인용·촬영·녹음·재편집하거나 전자문서 등으로 변환할 수 없습니다.
* 책값은 뒤표지에 있습니다.
* 잘못된 책은 구입처에서 교환해 드립니다.